Janis Huntley

Fehlende Komponenten im Horoskop

Die Deutung von unaspektierten Planeten, fehlenden Elementen sowie unbesetzten Zeichen und Häusern

Hier & Jetzt verlag

Deutsche Erstveröffentlichung
Bad Oldesloe 1996

Die Originalausgabe
Astrological Voids
erschien 1991 bei
Element Books Limited
Longmead, Shaftesbury, Dorset, Great Britain
© 1991 by Janis Huntley

Übersetzung und Lektorat: Rolf Schanzenbach, Hamburg
Herausgeber: Wolfgang Bartolain, Bad Oldesloe
Umschlag: Uli Breyer, Hamburg
Satz: Verlag Hier & Jetzt, Bad Oldesloe
Druck: Fuldaer Verlagsanstalt, Fulda

ISBN 3-926925-28-0

Inhalt

Einleitung

Das Studium der unaspektierten Horoskop-Planeten sowie der unbesetzten Horoskop-Felder ist für mich ein faszinierender und erleuchtender Abschnitt meiner astrologischen Laufbahn gewesen. Der größte Mangel oder die größte Leere, die es hier zu verzeichnen galt, betraf das vollständige Fehlen von Literatur zu diesem Thema. Ich entdeckte diesen Sachverhalt im Jahre 1978, als mein Sohn mit einem unaspektierten Mond geboren wurde und mein Interesse für dieses bis zu jenem Zeitpunkt ignorierte astrologische Thema damit geweckt war. So sehr ich auch in den Buchläden nach Informationen suchte, ich wurde nicht fündig. Die wenigen bruchstückhaften Sätze, die ich fand, spiegelten nichts als negative Vorurteile wider, die sehr frustrierend auf mich wirkten.

Während der nächsten Jahre untersuchte ich in vielen Horoskopen die Auswirkungen von unaspektierten Planeten. Mein besonderes Interesse galt allerdings dem unaspektierten Mond meines Sohnes. Ich kam zu der Schlußfolgerung, daß die Wirkungen, die von Planeten ohne Aspekten ausgehen, von besonderer und manchmal alles bestimmender Art und Weise sind – häufig in Verbindung mit mehr positiven als negativen Einflüssen.

Mit großer Faszination studierte ich daraufhin die Horoskopbereiche, die zuvor als «leer» und insofern «unwichtig» gegolten hatten. Ich merkte, daß dabei viele Informationen über grundsätzliche Charakterzüge, Einstellungen und innerliche Bedürfnisse gewonnen werden können. Gleiches gilt für die karmischen Pflichten. Als Resultat ergab sich für mich, daß das Horoskop in seiner Gesamtheit zu etwas Lebendigem wurde. Damit kam es zu einer Sichtweise, die über die einzelnen astrologischen Faktoren hinausgeht. Nichts ist unwichtig, nichts sollte unberücksichtigt bleiben. Auf der körperlichen Ebene hat es einen großen Einfluß, wenn dem Menschen bei seiner Geburt ein Arm oder ein Bein fehlt. Dieser Mangel wird ihn für das ganze Leben prägen, und es ist schlechterdings unmöglich, ihn zu ignorieren. Gleichermaßen ist es von großer Bedeutung, wenn wir es im Horoskop mit einem «Mangel» – unbesetzte Bereiche oder unaspektierte Planeten – zu tun haben. Bei jedem von uns trifft dies in mehr oder weniger großem Ausmaß zu. Ohne diese «Leere» oder diese «Mängel» aber wären wir nicht das, was wir sind. Ich möchte deshalb die Hoffnung aussprechen, daß du bei der Lektüre dieses Buches neue Facetten deines gegenwärtigen Lebens und deiner früheren Existenzen entdeckst, welche neue Punkte deines Entwicklungsgangs beschreiben könnten.

Kapitel 1

Unbesetzte Häuser

Die Häuser des Geburtshoroskops repräsentieren die vielfältigen Bereiche des menschlichen Lebens. Einige der modernen zeitgenössischen Astrologen ziehen es vor, sich bei ihrer Interpretation des Horoskops nur auf die Planeten in den Zeichen und die Aspekte zu beziehen, ohne Verbindung zu einem der verschiedenen Häusersysteme. Meiner Meinung nach aber ist Astrologie ohne Häuser eine öde und rein technische Erörterung des Geburtsbildes. Das Studium der Horoskophäuser – sowohl der besetzten als auch der leeren – läßt außerordentlich viele bedeutungsvolle Informationen über die persönliche Lebensart ans Licht kommen. Für mich ist die überlieferte Einteilung des Horoskops in Häuser bei jeder Interpretation von vordringlicher Wichtigkeit. Seit vielen Jahren verwende ich das System der gleich großen Häuser (System der *Äqualen Häuser*). Es hat den Vorteil, einfach zu sein. Gleichmäßigkeit und eine gewisse Ästhetik sind weitere Kennzeichen. Offensichtlich aber hat jedes der Häusersysteme seine eigenen Vorzüge. Nach meiner Meinung ist es immer besser, irgendeines davon zu benutzten als keines.

Zu der Zeit, da ich dies schreibe, werden bei der Berechnung des Horoskops zehn Planeten berücksichtigt: Sonne, Mond, Merkur, Venus, Mars, Jupiter, Saturn, Uranus, Neptun und Pluto. Einige Astrologen berechnen auch die Position des Planetoiden Chiron – aufgrund der auseinandergehenden Meinungen, über welches Zeichen er herrscht, und aufgrund der Tatsache, daß er kein Stern, Planet oder Mond ist, lasse ich ihn im Horoskop unberücksichtigt.

Es geschieht nur außerordentlich selten, daß die zehn Planeten in zehn verschiedenen Horoskophäusern zu stehen kommen. Bei fast allen Menschen gibt es zumindest drei leere Häuser, bei den meisten vier oder fünf. Dann sind da diejenigen, die sieben oder gar acht unbesetzte Häuser im Horoskop haben. Hier handelt es sich um eine Planetenstellung, die wir als «Bündel» oder «Haufen» bezeichnen könnten. Es wäre sehr frustrierend, wenn ein Mensch mit einer derartigen Konstellation wegen einer Beratung zum Astrologen kommt und hören muß, daß viele Bereiche seines Lebens keine tiefere Bedeutung aufweisen. Dem Astrologen wiederum, der sich überhaupt nicht um die Häuser kümmert, entgehen viele wertvolle Informationen, wie sie von unbesetzten Häusern angezeigt sind.

Allgemeine Hinweise

Wir müssen immer vor Augen haben, daß unbesetzte Häuser gemäß der verschiedenen astrologischen Ebenen auf verschiedene Weisen interpretiert werden können. Die zwei Arten, die hier im Buch Anwendung finden, sind die physische (beziehungsweise mundane) und die spirituelle (beziehungsweise karmische). Beide sind von großer Wichtigkeit, beide hängen eng miteinander zusammen.

Eine große Anzahl von unbesetzten Häusern (sieben oder mehr) im Horoskop läßt auf Intensität schließen, auf Zielstrebigkeit, Bestimmtheit, vielleicht auf Besessenheit, auf feste Reaktionsmuster, einen Mangel an Anpassungsbereitschaft und sehr viel Ehrgeiz, selbst dann, wenn andere Faktoren des Horoskops andere Schlußfolgerungen nahelegen. Wenig unbesetzte Häuser im Horoskop bedeuten für gewöhnlich ein veränderliches, vielleicht flatterhaftes Wesen, einen Mangel an Konzentrationsvermögen sowie eine Vielzahl von Interessen und Talenten. Weiterhin steht dies für Komplexität und für eine umfassende Perspektive.

Auf der karmischen Ebene repräsentiert jedes Haus des Horoskops einen Bereich, wo sich der Mensch während dieses oder eines anderen Lebens Prüfungen unterworfen sieht – beziehungsweise auch nicht, in Abhängigkeit von den astrologischen Gegebenheiten. Wenn ein Haus von einem Planeten besetzt ist, läßt dies auf starke Prüfungen schließen, die karmisch begründet sind. Ist ein Haus unbesetzt, ist davon auszugehen, daß der Mensch in der Vergangenheit die Lektionen der entsprechenden Lebensbereiche gelernt hat. Zumindest sind sie im aktuellen Leben nicht von größerer Bedeutung.

Die grundsätzliche Bedeutung unbesetzter Häuser

Unbesetzte Häuser sind nicht uninteressant oder «langweilig». Es trifft auch nicht zu, daß es ihnen an Bedeutung mangeln würde. Dies gilt insbesondere hinsichtlich des betreffenden Menschen selbst. Der Klient, der keinen Planeten im 2. oder im 8. Haus hat, kann durchaus große finanzielle Bedürfnisse erkennen lassen, derjenige mit einem unbesetzten 7. oder 5. Haus kann sich intensiv mit den Themen Partnerschaft und Beziehung auseinandersetzen. Allgemein aber gilt, wie aus dem Untenstehenden noch klarer werden wird, daß der Mensch in den Lebensbereichen, die im Horoskop mit leeren Häusern einhergehen, sich durch eine eher gleichmütige Haltung auszeichnet. Auf diesen Feldern ist zumeist kein drängendes Gefühl gegeben, sich zum Ausdruck bringen zu müssen.

Unbesetztes 1. Haus: «Geordnete» Persönlichkeit. Erscheinungsweise emtsprechend dem Zeichen an der Spitze dieses Hauses. Harmonie zwischen äußerer Erscheinung und der Projektion des Selbstbildes.

Unbesetztes 2. Haus: Geld, Besitztümer und Werte sind nicht von Wichtigkeit. Entweder gesicherte finanzielle Verhältnisse oder eine große Gleichgültigkeit gegenüber diesen Faktoren.

Unbesetztes 3. Haus: Kein grundsätzliches Bedürfnis, viel zu kommunizieren oder viel in der Umgebung unterwegs zu sein. Geschwister und Verwandte, die selbstverständlicher und nicht hinterfragter Bestandteil des Lebens sind. Vielleicht spielen aber in diesem Fall die Brüder und Schwestern auch überhaupt keine Rolle.

Unbesetztes 4. Haus: Steht häufig für einen Menschen, der sich schnell vom Zuhause gelöst hat. Die unmittelbare Umgebung ist hier nicht von entscheidender Wichtigkeit. Ein Elternteil – für gewöhnlich der Vater – ohne große Bedeutung.

Unbesetztes 5. Haus: Kein ausgeprägtes Bedürfnis, etwas hervorzubringen. Der Drang nach Liebe, Betätigung und Kreativität steht hier entweder ganz im Hintergrund oder wird in andere Lebensbereiche gelenkt.

Unbesetztes 6. Haus: Bestimmt kein «Workaholic»! Macht sich keine Sorgen um seine Gesundheit oder über die Arbeit. Häufig eine starke Konstitution.

Unbesetztes 7. Haus: Die Fähigkeit, sowohl mit einem Partner in Ehe oder Beziehung zusammenleben zu können als auch allein, als Single. Kann Unabhängigkeit genießen. Keinerlei Neigung, aus Gewohnheit an überlebten Beziehungen festzuhalten.

Unbesetztes 8. Haus: Nicht von dem Geld oder den Emotionen anderer abhängig. Aller Wahrscheinlichkeit nach in den Beziehungen keine extremen emotionalen Verstrickungen oder Zustände der Besessenheit.

Unbesetztes 9. Haus: Der Bereich des höheren Lernens, markante Lebensanschauungen und weite Reisen sind Themen, mit denen sich dieser Mensch beschäftigt, ohne den Drang zu fühlen, sich hier persönlich hervortun zu müssen.

Unbesetztes 10. Haus: Steht für eine Person, die nicht mit allem Ehrgeiz danach strebt, anerkannt zu werden. Eine Art Losgelöstheit und/oder ein gleichmütiges Akzeptieren der Mutterfigur.

Unbesetztes 11. Haus: Gleichermaßen mit oder ohne großen Freundeskreis zufrieden. Kein besonderes Bemühen um enge Beziehungen. Auch kein aktives Eintreten in Verbindung mit Gruppenzusammenhängen.

Unbesetztes 12. Haus: Unentwickelte Individuen haben oftmals mit Planeten im 12. Haus Probleme. Ist dieses Haus dagegen nicht besetzt, sind damit häufig Ausgewogenheit und Stärke verbunden, sowohl auf geistiger als auch auf körperlicher Ebene.

Häuser die miteinander in Verbundung stehen

[handschriftlich: 2+8 = Finanz/emotion. Einstellung]

[handschriftlich: 6+12 = Gesundheit/Krankheit]

Befassen wir uns mit einem unbesetzten Haus, so können wir vermehrt Erkenntnisse erhalten, wenn wir bestimmte Häuser in Verbindung miteinander untersuchen. Einander gegenüberliegende Häuser haben viele Ausdrucksbereiche gemeinsam. Zum Beispiel spiegeln das 2. und das 8. Haus emotionale wie auch finanzielle Einstellungen wider, während Haus 6 und 12 mit der Gesundheit zusammenhängen können (das 6. Haus dabei auf eine direktere Art, das 12. in Verbindung mit Krankenhäusern oder Institutionen). Wenn in diesem Fall beide Häuser leer sind, ist davon auszugehen, daß die betreffenden Eigenschaften beziehungsweise Bereiche von eher geringer Bedeutung für den Menschen sind. Wenn hier allerdings ein Haus leer, das andere aber von einem oder mehreren Planeten besetzt ist, kommt es zu einem Zustand des Ungleichgewichts. Dann kann der Mensch dazu neigen, sich in Verbindung mit dem betreffenden Lebensbereich übermäßig Sorgen zu machen, unter Umständen in Form einer Besessenheit. Es besteht dann oft die Neigung, die Qualitäten des Hauses, welches unbesetzt ist, zu ignorieren beziehungsweise abzulehnen.

Das 2., 6. und 10. Haus

[handschriftlich: Berufl. Situationen]

Wenn es um die berufliche Situation des Menschen geht, sollten das 2., das 6. und das 10. Haus in Verbindung zueinander untersucht werden. Sind all diese Häuser unbesetzt (was zwar selten, keineswegs aber außergewöhnlich ist), würde dies ein mangelndes Interesse an Arbeit, Finanzen und sozialem Ansehen erkennen lassen (was allerdings nicht heißt, daß der Mensch in diesen Bereichen nicht erfolgreich sein könnte). Die meisten Menschen

13

müssen arbeiten, um Geld zu verdienen. Das gilt auch für Personen, die keine Planeten in den angesprochenen Häusern haben. Ist bei einem unbesetzten 2. Haus das 6. und das 10. besetzt, verfügt der Mensch über Ehrgeiz und einen Sinn für die Notwendigkeit von Arbeit, ohne sich intensiver mit der finanziellen Anerkennung seiner Tätigkeit zu beschäftigen. Ein oder mehrere Planeten im 10. Haus bei unbesetztem 2. und 6. Haus steht für eine sehr ehrgeizige und bestimmte Persönlichkeit, für die Ansehen und Erfolg wichtiger sind als das finanzielle Einkommen oder die Befriedigung, die aus der beruflichen Betätigung erwächst. Wenn allerdings nur das 2. Haus besetzt ist, ist das Motiv der finanziellen Sicherheit der ausschlaggebende Faktor. Ein solcher Mensch ist zu harter Arbeit fähig, seine ausgeprägten finanziellen Bedürfnisse könnten Ansporn sein, Karriere zu machen.

Das 3., 7. und 11. Haus   *Kommunikation*

Auf die gleiche Weise sollten das 3., das 7. und das 11. Haus in Verbindung zueinander studiert werden. Sie alle haben auf die eine oder andere Weise mit Kommunikation im Rahmen von Beziehungen zu tun. Das 3. Haus bezieht sich dabei auf Geschwister, Verwandte und Nachbarn, das 7. Haus auf Ehe- und Geschäftspartner, das 11. Haus auf Freunde und enge Verbündete. Das Horoskop, das hier leere Häuser aufweist, zeigt einen Menschen an, dem es scheinbar kein Bedürfnis ist, auf kommunikativem Gebiet Beziehungen herzustellen. Ist in diesem Falle allerdings ein starkes (= besetztes) 8. oder 5. Haus gegeben, würde dies darauf hinweisen, daß es durch emotionale und/oder physische Kontakte zu Verbindungen kommt. Eine Person mit mehreren Planeten im 11. und keinem Planeten im 7. Haus findet es für gewöhnlich einfacher, sich geistig mit Zufallsbekanntschaften auseinanderzusetzen als mit engen Vertrauten. Ist das 3. Haus besetzt und das 7. und 11. leer, liegt die Schlußfolgerung nahe, daß die Beziehungen zu Verwandten wichtiger als alle anderen Kontakte sind.

Das 4., 8. und 12. Haus *Geheimnisse, starke aber unterdrückte Emotionen*

Auch das 4., das 8. und das 12. Haus spiegeln ähnliche Eigenschaften wider. Hier haben wir es mit den Geheimnissen zu tun,
mit dem, was im Verborgenen liegt, mit starken, aber unterdrückten Emotionen und mit auf Intuition beruhenden Handlungsmu-
stern. Finden sich in diesen Häusern keine Planeten, sehen wir einen Menschen vor uns, der offen und kreativ in seinem
Selbstausdruck ist, ohne emotionale Launen, dem es allerdings
auf der anderen Seite an der Tiefe des Gefühls fehlen könnte
(wenn nicht durch die starke Besetzung von Wasserzeichen etwas
anderes angezeigt ist). Ein oder mehrere Planeten in 8 bei unbesetztem 4. und 12. Haus läßt auf jemanden schließen, der seine
emotionalen Bedürfnisse vorwiegend in Verbindung mit sexuellen Aktivitäten zu befriedigen sucht. Ein besetztes 4. bei unbesetztem 8. und 12. Haus dagegen kennzeichnet die Person, die im
Rahmen ihrer häuslichen Vertrauten und ihrer persönlichen Erziehung nach emotionaler Sicherheit strebt. Wenn Haus 12 besetzt
und Haus 4 und 8 unbesetzt sind, könnte es sich um jemanden
handeln, der emotional zur Zurückgezogenheit neigt und sich in
seine persönliche Welt der Phantasie und Vorstellung flüchtet. In
diesem Falle wären zwar tiefe Gefühle vorhanden, zugleich aber
auch die Scheu, diese deutlich werden zu lassen.

Das 1., 5. und 9. Haus *Individuelle Lebensart*

Das 1., das 5. und das 9. Haus richten sich allesamt auf den bestimmten Ausdruck der individuellen Wesensart. Dabei bezieht
sich Haus 1 auf den Bereich der Erscheinung und der Persönlichkeit, Haus 5 auf Kreativität und kreative Unternehmungen und
Haus 9 auf die Erweiterung des Horizonts beziehungsweise auf
geistige Expansion. Mit einem oder mehreren Planeten im 1. Haus
und unbesetztem Haus 5 und 9 haben wir es womöglich mit jemandem zu tun, der auf zwanghaft anmutende Weise mit der Wirkung beschäftigt ist, die er auf die Außenwelt macht. Als Resultat
könnte es hier zu übermäßiger Selbstbezogenheit oder gar zu Eitelkeit kommen. Der kreativ-leidenschaftliche Selbstausdruck, der

mit einem starken 5. Haus bei gleichzeitig nicht besetztem 9. und 1. Haus einhergehen kann, führt unter Umständen zu einem deutlich ausgeprägten Ungleichgewicht – zu einer außergewöhnlich großen Familie vielleicht, zu einer übermäßigen Risikobereitschaft oder immer wieder zu Liebesaffären, um nur drei der möglichen Auswirkungen zu nennen. Ein zu starkes 9. Haus in Verbindung mit einem unbesetzten 1. und 5. Haus könnte zur Folge haben, daß sich der Mensch in philosophische oder religiöse Vorstellungen verrennt und seine diesbezüglichen Überzeugungen nicht mehr im Rahmen der persönlichen Erscheinung und der kreativen Aktivitäten zum Ausdruck bringen kann. Womöglich reist und lernt dieser Mensch viel, schöpft daraus aber keinen Nutzen für seine Persönlichkeit oder seine Kreativität.

Eine andere Verbindung, die es wert ist, näher betrachtet zu werden, ist die der Häuser 5, 7 und 8. Alle diese Häuser haben einen Einfluß auf die engen emotionalen Beziehungen. Finden sich in ihnen keine Planeten, ist für gewöhnlich eine emotionale Losgelöstheit oder auch ein Desinteresse an engen Verbindungen gegeben. Manchmal scheinen hier aufgrund von materiellen oder mentalen Eigenschaften keine emotionalen Kontakte möglich zu sein. Ich wurde auf dieses Phänomen vor etwa acht Jahren aufmerksam, als ich eine Reihe von astrologischen Vorträgen vor Organisationen für körperlich oder geistig Behinderte hielt. Das Publikum war warmherzig und enthusiastisch, und sogar die geistig Behinderten schienen das, was die Essenz der Horoskop-Interpretation ausmacht, gut zu verstehen. Tatsächlich waren all die Beispiele, die ich an der Tafel aufs Geratewohl analysierte, dadurch gekennzeichnet, daß die Häuser 5, 7 und 8 nicht besetzt waren. Dies war kein Zufall – meine Entdeckung machte Sinn. Ein hoher Prozentsatz dieser Leute war aufgrund von Behinderungen nicht dazu in der Lage, normale emotionale und physische Verbindungen herzustellen.

Wenn nur eines der angesprochenen Häuser besetzt ist, läßt dies erkennen, auf welchem Gebiet der Mensch mit Nachdruck nach Kontakten strebt. Es könnte sich hier um den Bereich handeln, auf dem er zu einer früheren Existenz sehr zu kämpfen hatte und wo es noch immer nötig ist, sich zu erproben. Wenn nur das 5. Haus besetzt ist, läßt das erkennen, daß wir es mit einem sehr romantischen Menschen zu tun haben, vielleicht aber auch mit der Tendenz zu Seitensprüngen oder ehelicher Untreue. Ist nur das 7. Haus besetzt, dürfte die betreffende Person an einer festen und dauerhaften Beziehung interessiert sein. Der Mensch, der ein betontes 8. Haus ohne Planeten in 5 oder 7 aufweist, neigt wiederum dazu, die Beziehungen aus einem sehr emotionalen und physischen Blickwinkel heraus zu sehen. Bei ihm könnten die sexuellen Aspekte der Beziehung womöglich zu einem Zustand der Besessenheit führen.

Was den Einfluß der Eltern betrifft, sind die einander gegenüberliegenden Häuser 4 und 10 als Einheit zu sehen. Wenn eines dieser Häuser besetzt, das andere aber leer ist – wie häufig zu beobachten –, weist das darauf hin, daß ein Elternteil während der Kindheit viel wichtiger war als der andere. Das unbesetzte Haus symbolisiert den Elternteil, der physisch oder geistig abwesend oder auch einfach unfähig war, elterliche Liebe oder Autorität zu beweisen.

Der Kombinationen gibt es viele. Worum es geht, ist, die Verbindung der Häuser untereinander nicht außer acht zu lassen.

Die Häuserherrscher

Sowohl bei der Betrachtung von besetzten als auch unbesetzten Häusern ist die Berücksichtigung des Häuserherrschers von vitaler Wichtigkeit. Häuserherrscher ist der Planet, der über das Zeichen an der Spitze eines Hauses herrscht. Die früheren Astrologen haben ihre Ausführungen zu einem Großteil mit der Stellung der Häuserherrscher begründet. Wenn wir es mit unbesetzten Häusern zu tun haben, kann die Interpretation zu einem kritischen Punkt werden – insbesondere dann, wenn der Häuserherrscher im Horoskop stark gestellt ist (Stellung in einem Eckhaus, Beteiligung an vielen Aspekten, Horoskopstellung ohne Aspekte oder anderes mehr). Das Haus, in dem sich der Häuserherrscher befindet, stellt für gewöhnlich den Lebensbereich dar, der die Eigenschaften des unbesetzten Hauses übernimmt. Wenn beispielsweise das 7. Haus unbesetzt ist und der Herrscher von 7 im 5. Haus steht, könnte der betreffende Mensch Romantik, Kreativität und Zärtlichkeit als unverzichtbaren Bestandteil der Liebesbeziehung ansehen. Weiterhin könnten, wenn die Beziehung von Dauer sein soll, Kinder eine außerordentlich wichtige Rolle spielen.

Die Stellung des Häuserherrschers kann so markant sein, daß sie das ganze Horoskop dominiert. In vielen Fällen habe ich, wenn ich das Aszendentenzeichen raten sollte, auf das Zeichen getippt, in dem sich der Herrscher des Aszendenten befand. Wenn das Zeichen, in dem sich der Aszendent befindet, leer ist und auch der Herrscher von 12 nicht in einem Eckhaus steht, können wir davon ausgehen, daß die äußere Persönlichkeit des Menschen zu einem Großteil von dem Zeichen geprägt ist, in dem sich der Aszendenten-Herrscher befindet.

Wenn es keine Planeten im 4. oder im 10. Haus gibt, sagt die Stellung des jeweiligen Häuserherrschers häufig etwas über den betreffenden Elternteil aus (nach meiner Meinung steht das 4. Haus meistens für den Vater und das 10. Haus für die Mutter, weil es manchmal aber auch umgekehrt ist, sollte man hier nicht versuchen, starre Regeln aufzustellen). Oftmals gibt es Zusammenhänge zwischen dem Sonnen- oder dem Aszendentenzeichen des betreffenden Elternteils und dem Zeichen der Spitze des 4. oder des 10. Hauses, zwischen Planeten in diesen Häusern oder zwischen der Stellung der Herrscher dieser Häuser. Manchmal ist der Elternteil deutlich durch zwei oder gar alle drei dieser Faktoren angezeigt. Wenn keine Verbindung zu erkennen ist, sollte man auf die Positionen von Sonne und Mond schauen, welche ebenfalls Vater und Mutter repräsentieren können (wenngleich Sonne und Mond, für sich allein genommen, nicht ganz zuverlässige Informationsquellen sind).

Das überlieferte System, Charakter und Geschlecht der Nachkommen anhand des 5. Hauses (erstes Kind), des 7. Hauses (zweites Kind), des 9. Hauses (drittes Kind) und so weiter zu bestimmen, scheint eine gewisse Gültigkeit zu besitzen – jedenfalls bezüglich der charakterlichen Merkmale. Benutzt man das *Äquale Häusersystem* (gleichgroße Häuser), hätte man es allerdings bei Haus 5, Haus 7 und so weiter jeweils entweder nur mit positiven oder nur mit negativen Zeichen zu tun. Eine Verbindung von positiven Zeichen zu Söhnen und von negativen Zeichen zu Töchtern herzustellen ist aber sehr problematisch. Weiterhin ist anzumerken, daß es nur bei sehr wenigen Familien mit mehreren Kindern ausschließlich Töchter oder Söhne gibt.

Nach meiner Erfahrung funktioniert das System viel besser, wenn man sich auf den Herrscher des Zeichens an der Spitze des betreffenden Hauses bezieht (insbesondere dann, wenn es sich um ein unbesetztes Haus handelt). Nachdem ich mich mit einer Reihe von Familien mit drei oder mehr Kindern beschäftigt hatte, erkannte ich, daß man durch den Herrscher der Häuserspitze fast immer Rückschlüsse auf die Kinder ziehen kann. Das Aszendenten- oder das Sonnenzeichen des Kindes war fast immer im Horoskop der Mutter erkennbar. Oftmals galt das auch für die Väter – wenngleich deren Horoskope in dieser Hinsicht insgesamt weniger zuverlässig erscheinen.

Meine eigene Familie steht in hundertprozentiger Übereinstimmung zu dieser Theorie. An der Spitze des 5. Hauses habe ich das Zeichen Wassermann – mein ältestes Kind ist ein Wassermann. Der Planet Mars, der sich in diesem Zeichen findet, hat einen intensiven Einfluß auf diese Tochter. Mein 7. Haus ist leer, an seiner Spitze findet sich der Widder. Wie schon erwähnt, steht Mars in meinem Horoskop im Wassermann – auch mein zweites Kind hat eine Wassermann-Sonne und diverse Mars-Eigenschaften (angezeigt durch die Stellung von Mars im Widder und einen Skorpion-Aszendenten). Mein drittes Kind ist geprägt durch die drei Faktoren, die mein 3. Haus dominieren: Zwillinge an der Spitze, Merkur als Häuserherrscher und Uranus als der Planet, der in diesem Haus steht. Mein Sohn ist von seinem Sonnenzeichen her ein Fisch, und Merkur – der Herrscher meines 9. Hauses – steht bei ihm ebenfalls in diesem Zeichen. Auf indirekte Weise verkörpert er viele Zwillings-Qualitäten in Verbindung damit, daß er in seinem 3. Haus (dem Zwillings-Haus) ein Stellium von drei Planeten hat. Darüber hinaus ist er jemand, der es genießt, Aufmerksamkeit zu erregen – was ebenfalls ein Charakteristikum der Zwillinge ist (bei ihm steht der Jupiter in diesem Zeichen). Und der Planet Uranus steht direkt an seinem MC. Das Zeichen Löwe, welches sich an der Spitze meines 11. Hauses befindet, repräsentiert mein viertes Kind, ebenso wie die Planeten Saturn und Pluto, die bei mir in

11 stehen. Meine jüngste Tochter hat vier Planeten im Löwen, darunter die Sonne. Saturn steht bei ihr in einem Eckhaus, und Pluto ist an einer intensiven Konjunktion mit dem Mond beteiligt. In meinem Horoskop herrscht die (Fische-) Sonne über das 11. Haus – im Horoskop dieser Tochter findet sich ein starker Eckhaus-Neptun.

Es muß nicht in jeder Familie eine derartige Anzahl von Verbindungen vorhanden sein. Wenn wir uns aber mit den Häuserherrschern näher beschäftigen, können wir fraglos viel über das Potential unserer Kinder herausfinden.

Kapitel 2

Die Herrscher der unbesetzten Häuser

Die folgenden Erläuterungen beziehen sich auf die Häuser und auf die Position des Herrschers des betreffenden Hauses. Sie berücksichtigen nicht die verschiedenen Merkmale der Planeten oder Zeichen, in denen die Planeten stehen oder die sich an der Spitze von unbesetzten Häusern befinden. Wenn wir eine umfassende Interpretation ausarbeiten, sollten wir uns daran erinnern, daß die Tierkreiszeichen in erster Linie Ausdrucks*möglichkeiten* darstellen, durch die sich die planetarischen Energien manifestieren können. So braucht der Zwilling zum Beispiel Kommunikation in mündlicher oder schriftlicher Form, während es für den Krebs darauf ankommt, sich durch Gefühle und Emotionen zum Ausdruck zu bringen. Diese unterschiedlichen Ausdrucksformen sollten im Blick behalten werden, wenn wir die Einflüsse der Häuserherrscher in Verbindung mit ihrer Stellung analysieren. Auch die natürliche Energie der Planeten muß hier berücksichtigt werden. Die folgenden Interpretationen beziehen sich zunächst einmal auf *unbesetzte Häuser* – sie können aber auch auf den Fall angewendet werden, daß ein oder mehrere Planeten im fraglichen Haus stehen.

Das 1. Haus und sein Herrscher

Bei dem Herrscher des 1. Hauses (1. Haus = Aszendent) haben wir es für gewöhnlich mit der wichtigsten Stellung zu tun. In vielen Fällen dominiert der Herrscher von 1 das ganze Horoskop – selbst dann, wenn sich in diesem Horoskophaus Planeten befinden. Haus 1 ist der Bereich, der unser äußeres Verhalten und unsere Erscheinung widerspiegelt, in allgemeineren Worten: unsere Persönlichkeit. Insofern haben wir es hier mit einem entscheidenden Faktor der psychischen Entwicklung des Menschen zu tun.

Die Position des Herrschers des 1. Hauses stellt im allgemeinen das Feld dar, auf dem sich die Person am leichtesten gemäß ihrer Persönlichkeit zum Ausdruck bringen kann. Unglücklicherweise ist es so, daß die meisten Menschen dazu neigen, ein Buch nach seinem Umschlag zu beurteilen – und andere Menschen nach ihren persönlichen Projektionen. Derjenige, der einen «sonnigen» Aszendenten wie den Löwen und die Sonne in einem dazu passenden Zeichen und Haus hat, wird sich sehr wahrscheinlich durch Liebenswürdigkeit auszeichnen und ein glückliches und erfülltes Leben führen. Wenn dagegen beim Löwe-Aszendenten die Sonne im Steinbock sowie im 6. Haus steht und viele Spannungsaspekte zu ihr gegeben sind, wird der Mensch sich unweigerlich in seiner Haut unwohl fühlen und viele Schwierigkeiten beim Umgang mit der außengerichteten Löwe-Energie haben.

Um die grundlegenden Prinzipien, wie sie mit den Häuserherrschern verbunden sind, besser zu verstehen, sollten wir uns den betreffenden Planeten als «Gast» in dem betreffenden Lebensbereich vorstellen. Hier schlägt dieser sozusagen sein Quartier auf und sucht nach einem Ventil für seinen Ausdruck. Mit dieser Vorgehensweise ist es dem Astrologen auch möglich, zwischen den Auswirkungen ähnlicher Konfigurationen zu unterscheiden – zum Beispiel dem Herrscher von 1 in 2 im Gegensatz zum Herrscher von 2 in 1. Bei dem ersten Beispiel kommt die Persönlichkeit entsprechend dem 2. Haus zum Ausdruck, in Verbindung mit finanziellen Angelegenheiten, während es im zweiten Fall darum geht, daß die finanziellen Interessen Niederschlag finden auf dem Feld des Persönlichen, mit der Folge, daß sie in das Bild einfließen, welches der betreffende Mensch von sich vermittelt. Bei dem ersten Fall würde es zu einer «Beruhigung» der Persönlichkeit kommen, zu einer unauffälligeren Auswirkung im Äußerlichen, im zweiten zu einer Betonung des Persönlichen, insbesondere in Zusammenhang mit allem, was mit dem Finanziellen verbunden ist.

 ### Herrscher des unbesetzten 1. Hauses im 2. Haus

Die Persönlichkeit wird insbesondere dann nach außen hin sichtbar, wenn es um finanzielle Angelegenheiten geht. Besitztümer, Geld und das Vermögen, Geld zu verdienen, sind für das persönliche Selbstbild von großer Bedeutung. Dieser Mensch könnte durch den Ausdruck der Persönlichkeit seinen Unterhalt bestreiten. Eine Stellung, die ein gewisses Ausmaß an Stabilität und Gleichmut, dabei aber auch die Neigung zur Innenschau und Passivität bedeuten kann.

 ### Herrscher des unbesetzten 1. Hauses im 3. Haus

Dieser Mensch liebt die Kommunikation, er teilt seine Gedanken in aller Offenheit Verwandten und Nachbarn mit. Die Persönlichkeit und das Erscheinungsbild treten speziell dann deutlich hervor, wenn die Person in anregende Erörterungen verwickelt ist (um so mehr, wenn diese sich um sie drehen). Kurze Reisen sowie die Erziehung und das Lernen sind wichtige Ventile – bei ihnen kann die Persönlichkeit «expandieren».

 ### Herrscher des unbesetzten 1. Hauses im 4. Haus

Die Persönlichkeit ist hier kein deutlich hervorstechendes Merkmal. Wir haben es in diesem Fall mit einem Menschen zu tun, der empfänglich und ruhig ist, der nur dann aus sich herausgeht, wenn es sich um Vorgänge handelt, die mit seiner häuslichen Umgebung zu tun haben. Viel hängt hier von den beteiligten Planeten und Zeichen ab. Es ist hier eine dualistische Persönlichkeit denkbar: ein äußerlich ruhig scheinender Mensch, welcher sich in seinem Zuhause als Despot oder Tyrann entpuppen könnte. Die Persönlichkeit wird sich in diesem Fall der häuslichen Struktur tief eingeprägt haben. Womöglich scheint das Haus oder die Wohnung ohne diesen Menschen öde und leer.

Herrscher des unbesetzten 1. Hauses im 5. Haus

Dieses Haus stellt in vielem eine Ergänzung des 1. dar, so daß wir – unabhängig davon, um welchen Planeten es hier geht – mit einer ausgewogenen, geselligen Persönlichkeit rechnen können. Freude an Dingen, die mit dem 5. Haus zu tun haben: Kreativität, Zärtlichkeit, Kinder, sportliche Betätigung. Die persönlichen Planeten und Jupiter haben hier eine recht große Sorglosigkeit zur Folge – insgesamt aber geht jeder Planet als Herrscher von 1 in 5 mit einer starken Persönlichkeit einher. Womöglich ist mit dieser Stellung auch die Neigung zu einem unreifen, kindischen Verhalten verbunden. Was die Liebe betrifft, könnte sich diese Person durch eine große Unbekümmertheit auszeichnen.

Herrscher des unbesetzten 1. Hauses im 6. Haus

Eine ernsthafte und relativ ruhige Persönlichkeit. Dieser Mensch kann sich nach außen hin gut darstellen, wenn es um Arbeitszusammenhänge geht oder darum, in irgendeiner Form Dienst an anderen zu leisten. Für gewöhnlich jemand, der hart arbeiten kann (Ausnahme: wenn Venus über das 1. Haus herrscht), der zugleich aber weiß, was er seiner Gesundheit schuldig ist. Tiere reagieren auf diesen Menschen im allgemeinen freundlich.

Herrscher des unbesetzten 1. Hauses im 7. Haus

Mit dieser Stellung sind zwar ein gewisser Glanz sowie kommunikative Fähigkeiten gegeben, zugleich aber besteht die Gefahr, die Persönlichkeit in der des Partners aufgehen zu lassen. Die persönliche Initiative, der Unternehmungsgeist und die eigene Individualität gehen verloren, wenn man sich mehr und mehr den Selbstausdruck des Partners zu eigen macht. Dieser Mensch braucht Beziehungen so nötig wie der Vogel die Luft. Hat er sich mit einem Partner zusammengeschlossen, könnte es aber schließlich so sein, daß ihm die Luft zum Atmen fehlt und er durch die Wünsche des anderen zu ersticken droht. Es ist sehr wichtig für Menschen mit dem Herrscher von 1 in 7, die Energie des betreffenden Planeten in ihrem Wesen tatsächlich zum Ausdruck zu bringen.

 Herrscher des unbesetzten 1. Hauses im 8. Haus:

Eine sehr empfängliche und emotionale persönliche Wesensart. Auf seine stille Weise könnte sich diese Person damit beschäftigen, die eigene Persönlichkeit zu analysieren, um die starken und für gewöhnlich unterdrückten inneren Begierden verstehen zu lernen. Diese Stellung verheißt ein ruhiges und zugleich scharfsichtiges Auftreten – wenngleich unter der Oberfläche die vielfältigsten Emotionen versteckt liegen. Die in den meisten Fällen durchdachten Antworten dieser Person rufen bei den Mitmenschen im allgemeinen positive Reaktionen hervor.

 Herrscher des unbesetzten 1. Hauses im 9. Haus:

Diese Plazierung kann eine Hilfe sein, die Persönlichkeit auf einer sehr hohen Ebene zum Ausdruck zu bringen. Sie verleiht Selbstvertrauen und intellektuelle Fähigkeiten, gleichgültig, um welchen Aszendenten es sich dabei auch handelt. Der Mensch mit dieser Stellung reist gerne und widmet sich dem Lernen mit großer Hingabe. In Verbindung mit philosophischen, religiösen oder anderen höheren Studienbereichen ein außerordentlich positiver Selbstausdruck. Wenn Feuer- oder Luftzeichen im Horoskop dominieren, besteht die Gefahr der Egozentrik.

 Herrscher des unbesetzten 1. Hauses im 10. Haus

Starkes Bedürfnis nach Anerkennung. Dieser Mensch kann seine Persönlichkeit dafür einsetzen, Ziele und Vorstellungen in die Realität umzusetzen. In Abhängigkeit von dem betreffenden Planeten und seinem Zeichen dürfte diese Person geliebt, gefürchtet oder gehaßt sein. Wie dem auch sein mag – ihrer fordernden Gegenwart kann sich niemand entziehen. In seinem Drang nach Erfolg neigt dieser Mensch dazu, über das Ziel hinauszuschießen. Er muß sich davor hüten, die Gaben seiner Persönlichkeit zu erschöpfen, weil es sonst dazu käme, daß er in anderen Lebensbereichen nichts mehr zu geben hat.

Herrscher des unbesetzten 1. Hauses im 11. Haus

Dieser Mensch bringt seine Persönlichkeit vorwiegend im Bereich der Freundschaften und Gruppenaktivitäten zum Ausdruck. Wenn Mars der Herrscher von 1 ist, dürfte dies auf eine schnelle und ungeduldige Art geschehen, bei Saturn auf langsame und bedächtige Weise. Um welchen Planeten es sich auch handeln mag – das, worum es hier geht, ist immer das gleiche: Integration in Verbindung mit dem Leben und den Aktivitäten von Freunden und Gruppen. Um näher zu erkennen, wie der Mensch vorgeht, müssen wir auf den Planeten schauen, der über das 1. Haus herrscht, sowie auf sein Zeichen. So könnten wir auch Rückschlüsse gewinnen, ob diese Person eher auf Zustimmung oder auf Ablehnung stößt. In jedem Fall aber dürften die persönlichen Fähigkeiten für ihre Gruppe unverzichtbar sein.

Herrscher des unbesetzten 1. Hauses im 12. Haus

Es kann sehr hinderlich sein, wenn der Mensch mit dem Herrscher von 1 – das nach Offenheit Strebende und das natürliche Selbstbewußtsein – in die ruhige Abgeschiedenheit des 12. Haus geboren ist. Die Beschränkungen, die diese Person beim Ausdruck der Persönlichkeit auf sich lasten fühlt, können von geradezu erdrückender Auswirkung sein. Wenn der Planet nicht näher als acht Grad vom Aszendenten entfernt steht – was schon die Klassifizierung als Eckhaus-Stellung bedeuten würde –, ist davon auszugehen, daß der Mensch als ruhiger, isolierter, schwer zu verstehender oder emotional nicht zu erreichender Charakter gilt. Dies trifft insbesondere dann zu, wenn einer der fünf persönlichen Planeten (Sonne, Mond, Merkur, Venus oder Mars) über das 1. Haus herrscht. Die Auswirkungen müssen sich hier aber nicht notwendigerweise als Beschränkung zeigen. In vielen Fällen ist es so, daß dieser Mensch durchaus zufrieden mit sich ist. Die Persönlichkeit kann Ausdruck finden durch Aktivitäten, die mit dem 12. Haus einhergehen: die Arbeit in wohltätigen Institutionen, in Krankenhäusern, Haftanstalten oder für große, in sich geschlossene Organisationen.

Das 2. Haus und sein Herrscher

Jeder Mensch hat eine Meinung beziehungsweise eine Einstellung zu den finanziellen oder materiellen Faktoren des Lebens. Für viele ist Geld die Quelle von Macht, Erfolg und Glück, für andere wiederum stellt es die Wurzel allen Übels dar. Allgemein kann man sagen, daß der Mensch mit einem unbesetzten 2. Haus sich nicht allzusehr mit der Sicherheit in finanzieller Hinsicht beschäftigen wird – mit Ausnahme des Lebensbereiches, der durch den planetarischen Herrscher angezeigt ist. All die grundsätzlichen Bedürfnisse, Werte und innerlichen Triebe in Verbindung mit Geld und Besitztümern richten sich für gewöhnlich auf diesen einen Bereich. Insofern kann das Finanzielle auch von großer Bedeutung für die Person sein, bei der kein Planet im 2. Haus steht.

 Herrscher des unbesetzten 2. Hauses im 1. Haus

Jemand, der sein Bedürfnis nach finanzieller Sicherheit im Rahmen seiner Persönlichkeit zum Ausdruck bringt. Unter Umständen die Ansicht, daß die offene Kommunikation über finanzielle Angelegenheiten, über das Einkommen, über die Anhäufung von Besitztümern und so weiter zur Stärkung des Selbstbildes beiträgt. Die persönliche Sicherheit basiert hier auf dem Sachverhalt, daß man als finanziell zuverlässig und seriös eingeschätzt wird. In Wahrheit aber kümmert sich dieser Mensch nicht sehr um die materiellen Belange des Lebens.

Herrscher des unbesetzten 2. Hauses im 3. Haus

Das Finanzielle spielt im Leben dieses Menschen eine wichtige Rolle bei allem, was mit dem 3. Haus zu tun hat. Verwandte, Geschwister und Nachbarn könnten von dieser Person profitieren (oder unter ihr zu leiden haben – dann, wenn Spannungsaspekte zu dem betreffenden Planeten bestehen). Dieser Mensch könnte sich mehr Gedanken zu den finanziellen Umständen seiner Umgebung machen als zu seiner eigenen Situation und auch immer wieder helfend in Erscheinung treten. Womöglich ist es ihm auch eine Freude, seine Mittel für Lektüre oder für ein Studium auszugeben, für Tagesausflüge, die Wartung und Unterhaltung des Autos oder für andere alltägliche Aktivitäten, die von Wichtigkeit für ihn sind.

 ### Herrscher des unbesetzten 2. Hauses im 4. Haus

Die innerlichen Bedürfnisse und Wünsche nach Geld, Besitz und Sicherheit kommen insbesondere in der häuslichen Umgebung zum Tragen. Für das Zuhause wird möglicherweise viel Geld ausgegeben (wenn Saturn über das 4. Haus herrscht, wird wahrscheinlich viel Geld gespart). Eine Person, die unter Umständen bei sich zuhause die wertvollsten Dinge anhäuft, sich aber nicht darum kümmert, was sie trägt, und die keinen Gedanken an Bequemlichkeit verschwendet. An dem, was sie einmal erworben hat, hängt sie leidenschaftlich. In bezug auf die eigenen Bedürfnisse sehr verletzlich, überemotional oder auch wie besessen. Könnte jemanden anzeigen, der einen Elternteil finanziell intensiv unterstützt. Eine unauffällige, nichtsdestotrotz aber heikle Stellung.

 ### Herrscher des unbesetzten 2. Hauses im 5. Haus

Wie bei der Stellung des Herrschers von 2 in 1 haben wir es hier mit einem außengerichteten, selbstbewußten Menschen zu tun, mit jemandem, der sein Geld vorwiegend für Aktivitäten ausgibt, die mit dem 5. Haus zu tun haben, zum Beispiel für Kinder, Hobbys, kreative Betätigungen oder für Angelegenheiten, die mit Liebe zusammenhängen. Mit dieser Plazierung besteht ein Risiko zu Unzuverlässigkeit und dazu, Geld zu verspielen – dieser Person bedeutet finanzielle Sicherheit wenig. Geld ist für sie dazu da, um es zusammen mit anderen auszugeben. Insofern könnte übertriebene Großzügigkeit sich als charakterlicher Mangel zeigen (speziell dann, wenn Mond, Venus, Mars oder Jupiter über das 2. Haus herrscht). Auf anderen Gebieten wiederum könnte sich dieses Individuum von einer ganz anderen Wesensart zeigen.

 ### Herrscher des unbesetzten 2. Hauses im 6. Haus

Ein Mensch, der die Arbeit liebt und für gewöhnlich willens ist, Geld für Projekte auszugeben, die ihm wertvoll erscheinen. Für diese Person ist die Bestätigung, die aus einer gut verrichteten Arbeit erwächst, wichtiger als die daraus resultierende finanzielle Belohnung. Geld oder Besitztümer könnten in diesem Fall etwas mit der Gesundheit zu tun haben. Eine private Krankenversicherung, alternative Heilbehandlungen, ein Fitneßraum im Zuhause sind hier im Leben von besonderer Wichtigkeit. Dieser Mensch könnte sich als großzügig erweisen, was Mitarbeiter, Tiere und karitative Organisationen betrifft, sich aber im Hinblick auf alles andere sehr zugeknöpft zeigen.

 ### Herrscher des unbesetzten 2. Hauses im 7. Haus

Alles, was diese Person verdient oder besitzt, soll auch dem Partner gehören. Das Teilen steht für sie im Vordergrund. Das gemeinsame Bankkonto, gemeinschaftliche berufliche Aktivität und gemeinsamer Besitz bedeuten ihr Sicherheit. Wenn nötig, würde sie alles, war sie hat, dem Partner geben. Der Partner seinerseits sollte darauf gefaßt sein, daß er alles nehmen muß – einschließlich der Werte und Meinungen des anderen. Eine Äußerung, die man von dem Menschen, der den Herrscher von 2 in 7 hat, oft hören dürfte: »Mein Partner und ich sind der Meinung, daß ...«

 ### Herrscher des unbesetzten 2. Hauses im 8. Haus

Diese Position ähnelt der vorhergegangenen – es geht bei ihr um gemeinsamen Besitz, gemeinsames Geld und um geschäftliche Zusammenarbeit. Die Partnerschaft kann sich sowohl auf berufliche Zusammenhänge beziehen als auch auf enge physische oder emotionale Verbindungen. Dieser Mensch hat seine Freude daran, dem Partner seinen Besitz oder seine emotionalen Reaktionen zukommen zu lassen – welcher seinerseits dadurch gekennzeichnet sein könnte, alles zu nehmen, ohne je etwas von sich zu geben. Die Ausdauer und die Hingabe, mit der Menschen mit dem Herrscher von 2 in 8 ihren Besitz darbringen, kann wiederum die Quelle finanzieller Belohnung sein. Bei dieser Stellung wird vielleicht auch Geld für intensive Studien ausgegeben, zum Beispiel auf dem Gebiet der Psychologie oder des Okkulten. Ganz allgemein wären hier auch Themen wie Geburt oder Beerdigung oder vielleicht sogar Aktivitäten im Untergrund anzusprechen.

 Herrscher des unbesetzten 2. Hauses im 9. Haus

Eine Person, die ihre Freude am Urlaub hat, die gerne reist und lernt und die den Drang spürt, ihr Geld für derartige Aktivitäten auszugeben. Bücher, die sich mit entsprechenden Themen beschäftigen, sind für sie wichtig und wecken ihre Neugier. Auch antiquarische Werke oder Druck-Erzeugnisse aus der Ferne üben in diesem Fall einen großen Reiz aus. Kennzeichnend ist auch der Wunsch, Geld für Menschen aus fremden Kulturen auszugeben, insbesondere für Notleidende. Dies könnte auch im Rahmen einer religiösen Veranlagung zum Tragen kommen, bei welcher der Mensch seine Wertvorstellungen, seine Dienstbereitschaft und seine finanzielle Anteilnahme erkennen läßt.

 Herrscher des unbesetzten 2. Hauses im 10. Haus

Geld, Besitztümer und Wertvorstellungen kommen auf dem Gebiet der Karriere zum Tragen. Dieser Mensch hat große Freude daran, sein eigenes Geschäft aufzubauen oder zu besitzen, und er tut viel dafür, seine Ziele und Vorstellungen in die Realität umzusetzen. Für ihn sind Geld und Luxusgegenstände ein Ausdruck des gesellschaftlichen Status. Mehr als bei jeder anderen Stellung des Herrschers von 2 haben wir es hier dem Anschein nach mit umfassenden finanziellen Bedürfnissen und einer materiellen Ausrichtung zu tun. In Wirklichkeit aber geht es diesem Menschen nicht um finanzielle Sicherheit, sondern nur um das Verlangen, sich groß herausgestellt zu sehen. Wie bei dem Herrscher von 2 in Haus 4 auch hier könnte es dazu kommen, daß überdurchschnittlich viel Geld für einen Elternteil ausgegeben wird.

Herrscher des unbesetzten 2. Hauses im 11. Haus

Jemand, der sich verpflichtet fühlt, Freunde und/oder Organisationen finanziell zu unterstützen. Womöglich ein Mensch, der immer wieder die Erfahrung macht, daß er in Gruppen dazu gedrängt wird, Verantwortung zu übernehmen, zum Beispiel als Schatzmeister. Auf diese Person trifft das Motto zu: Erst in der Not zeigt sich der wahre Freund. Neben seiner ständigen Hilfsbereitschaft ist er dadurch gekennzeichnet, daß er seine persönlichen Wertvorstellungen und Meinungen in der Gruppe verbreiten möchte.

Herrscher des unbesetzten 2. Hauses im 12. Haus

Mit dieser Stellung ist es nicht ganz einfach, finanzielle Sicherheit zu erfahren. Häufig besteht der starke Drang, die persönlichen materiellen Bedürfnisse anderer zum Opfer zu bringen. Löst sich schnell von Besitz und Geld, zum Beispiel als Spende für wohltätige Organisationen. Manchmal ist es auch so, daß die betreffende Person meint, es nicht zu «verdienen», in Wohlstand und Sicherheit zu leben. Eine perfekte Auswirkung dieser Stellung wäre die Blut- oder die Organspende oder auch das Geldausgeben für Krankenhäuser oder für andere Institutionen. Weniger entwickelte Menschen könnten dagegen Geld für illegale Zwecke verbrauchen oder sich sogar kriminelle Aktivitäten zuschulden kommen zu lassen. Mit dieser Stellung könnte ein sehr geheimniskrämerisches Verhalten bezüglich der finanziellen Situation und des persönlichen Einkommens verbunden sein.

Das 3. Haus und sein Herrscher

Ein leeres 3. Haus steht zumeist für eine Person, die sich nicht all-zuviele Gedanken um Kommunikation macht. Ein solcher Mensch akzeptiert die Lebensbereiche, die von diesem Haus re-präsentiert werden, so wie sie sind. Er hat in dieser Hinsicht dann auch keine besonderen Begabungen. Verwandte, Geschwister und Nachbarn nimmt er wie sie sind – wenn er ihnen überhaupt Beachtung schenkt. Dieser Mensch fühlt kein innerliches Verlan-gen nach Zusammenarbeit, er hat kein Bedürfnis, es anderen leichter zu machen. Schule und Ausbildung durchläuft er, ohne daß es dabei zu Auffälligkeiten kommen würde – wobei er viel-leicht noch durch eine gewisse Oberflächlichkeit oder Lässigkeit auszeichnen könnte. Kurze oder geschäftliche Reisen haben für ihn ebenfalls keine besondere Bedeutung. Ergibt sich einmal die Notwendigkeit einer Reise, macht er sich bereitwillig auf den Weg – von sich selbst aus wird er aber nicht aktiv. Wenn auch das 1., das 7. und das 11. Haus unbesetzt sind, könnte es sich um eine Person handeln, die weder in schriftlicher noch in mündlicher Form den Gedankenaustausch sucht.

 Herrscher des unbesetzten 3. Hauses im 1. Haus

Dieser Mensch könnte sich bei der Kommunikation auf einer Ebene der «Gefälligkeit» bewegen, vom Wunsch aus, ein günsti-ges Bild abzugeben. Er könnte mit Enthusiasmus über Ver-wandte, die Vergangenheit und die alltäglichen Geschehnisse sprechen, welche in Wahrheit kaum interessieren. Diese Person macht sich viele Gedanken über ihre persönliche Wesensart; sie ist in der Lage, alles, was mit dem 3. Haus zusammenhängt, dies-bezüglich zu ihrem Vorteil einzusetzen. Daraus resultiert, daß man sie für anteilnehmender hält, als sie wirklich ist. Wenn die Verwandten mit ihrer schwärmerischen Art umgehen können, wird sie ihrer Umgebung auf die gleiche Weise wie sich selbst entgegentreten.

Herrscher des unbesetzten 3. Hauses im 2. Haus

Alle Angelegenheiten, die mit dem 3. Haus zusammenhängen, werden in diesem Fall zu einer Quelle des finanziellen beziehungsweise des materiellen Interesses. Womöglich ein «indirektes» Geldverdienen durch Verwandte, Geschwister oder Nachbarn, vielleicht auch durch Schreiben, Lehren oder Kommunikation in allgemeiner Form. Die Besitztümer und die Wertvorstellungen der Verwandten könnten einen intensiven Einfluß auf den Lebensstil des Geborenen haben. Aufgeschlossenheit für Reisen, für das Lernen oder Studieren, was den Verwandten oder den Geschwistern sehr gefallen könnte. Allerdings profitiert auch dieser Mensch selbst finanziell von dem, was er für seine Umgebung tut.

 ### Herrscher des unbesetzten 3. Hauses im 4. Haus

Die Verwandten, Geschwister und Nachbarn haben einen ausgesprochen förderlichen Einfluß auf das häusliche Leben dieses Menschen. Es könnte sein, daß eine Tante, ein Onkel oder ein Großelternteil ganz oder zumindest teilweise für die Erziehung verantwortlich war. Was das Lernen oder Studieren betrifft, ist die Person insbesondere in ihrem Zuhause in einer aufnahmebereiten Verfassung – hier fühlt sie sich sicher und besser dazu imstande, sich verbal zum Ausdruck zu bringen. Wenn das Zuhause nicht unmittelbar davon profitiert, steht dieser Mensch kurzen Reisen eher ablehnend gegenüber.

 ### Herrscher des unbesetzten 3. Hauses im 5. Haus

Dieser Mensch genießt den geselligen Austausch mit Nachbarn und Verwandten. Er könnte versucht sein, andere zu seinen Aktivitäten zu bekehren – seien diese nun geistiger, körperlicher oder sportlicher Art. Möglicherweise ist mit dieser Stellung angezeigt, daß es zu Liebesaffären mit einer Person aus der Nachbarschaft oder dem Kreis der Verwandten kommt. Tagesausflüge sind dann eine Quelle des Vergnügens, wenn sie in Begleitung von jemandem aus der Verwandtschaft oder Nachbarschaft durchgeführt werden können. Das Lernen und die Ausbildung machen insbesondere dann Spaß, wenn dabei das Moment der Geselligkeit nicht zu kurz kommt.

 ### Herrscher des unbesetzten 3. Hauses im 6. Haus

Die Angelegenheiten des 3. Hauses werden durch Arbeitszusammenhänge und gesundheitliche Erwägungen, wie sie mit dem 6. Haus einhergehen, gefördert. Diese Person zeigt den Nachbarn und Verwandten gerne, wo sie arbeitet, und womöglich ergibt sich hier sogar eine gemeinschaftliche Tätigkeit, was zu einer Verbesserung der Beziehung beitragen könnte. Kurze Reisen und die alltäglichen Routinegespräche, die im allgemeinen als trivial oder überflüssig angesehen werden, üben in diesem Falle eine große Faszination aus – vorausgesetzt, daß sie das Gebiet der Arbeit berühren. Die Verwandten und Nachbarn könnten an gesundheitlichen Problemen des Geborenen Anteil nehmen. Weiterhin zeigen sie möglicherweise Interesse für dessen Haustiere.

 ### Herrscher des unbesetzten 3. Hauses im 7. Haus

Dieser Mensch schiebt alles, was mit Kommunikation zu tun hat, auf seinen Partner. Er könnte gegenüber Nachbarn und Verwandten sehr reserviert sein, aber vom Partner erwarten, daß der Kontakt aufrechterhalten wird. Kurze Reisen und das Lernen bereiten hier großes Vergnügen (es sei denn, daß es sich hier um den Planeten Saturn handelt), wenn der Partner mit von der Partie ist. Sowohl als Kind als auch als Erwachsener braucht dieser Mensch enge Verbindungen, um die Stimulation und Anregung zu erfahren, die er nicht aus sich selbst beziehen kann. Eventuell eine langfristige Partnerschaft mit einer Person aus dem Kreis der Verwandten.

 ### Herrscher des unbesetzten 3. Hauses im 8. Haus

Geschwister, Verwandte und Nachbarn können hier durch die emotionalen, physischen oder finanziellen Anforderungen des Geborenen unter Druck gesetzt werden. Dieser Mensch erwartet und empfängt Hilfe durch die Kontakte, wie sie mit dem 3. Haus einhergehen. Bezüglich der Verwandten könnten intensive untergründige Emotionen gegeben sein. Kommunikation und kurze Reisen reizen diese Person nur, wenn finanzielle oder emotionale Aspekte davon betroffen sind. Wahrscheinlich Erbschaften von Verwandten.

Herrscher des unbesetzten 3. Hauses im 9. Haus

Eine expansive und hilfreiche Plazierung, die für gewöhnlich fördernd auf die Kommunikation auf höheren Ebenen wirkt. Dieser Mensch verspürt den starken Drang, das Alltägliche zu hinterfragen und sich selbst gemäß einer umfassenden philosophischen oder religiösen Perspektive zum Ausdruck zu bringen. Er hat sein Vergnügen daran, aus einer Mücke einen Elefanten zu machen – fährt er für einen Tag an die See, tut er womöglich so, als handele es sich dabei um eine Kreuzfahrt oder um eine Reise um die Welt. Die Gegenwart von Verwandten oder Nachbarn bereitet ihm auf Reisen und im geselligen Kreis große Freude.

Herrscher des unbesetzten 3. Hauses im 10. Haus

Auf ähnliche Weise wie bei der Stellung des Herrschers von 3 in 6 schätzt es dieser Mensch, wenn Verwandte oder Freunde Teil seines Arbeitsumfeldes sind. Negativ wäre hier, wenn er diese aufgrund seiner persönlichen Bedürfnisse und Ziele dabei ausbeuten würde. Tagesreisen und Bildung akzeptiert er nur dann, wenn er sich davon Vorteile für seine Karriere verspricht. Unter Umständen ein sehr intensiver Kontakt zu Verwandten und der Mutter.

Herrscher des unbesetzten 3. Hauses im 11. Haus

Die gruppenbezogenen Tätigkeiten der betreffenden Person richten sich vor allem auf Verwandte und Nachbarn. Unter Umständen drängen sie diese vehement dazu, eine verantwortungsvolle Position zu übernehmen. Sie kann sich am besten in Gruppen zum Ausdruck bringen, was zur Folge hat, daß sie die Gruppenmitglieder als ihre engsten Freunde betrachtet. Wenn es zum Vorteil eines Bruders, einer Schwester, eines anderen Verwandten oder eines Nachbarn ist, macht es diesem Menschen nichts aus, irgendwohin zu fahren oder irgendwelche Informationen zu beschaffen.

 Herrscher des unbesetzten 3. Hauses im 12. Haus

Häuser, die sozusagen offen beziehungsweise positiv sind wie das 3., kommen nur schwer zur Geltung, handelt es sich um die Kombination mit einem Bereich wie Haus 12 und den damit verbundenen Beschränkungen. Ein Bruder oder eine Schwester – vielleicht auch mehrere – könnte unter Problemen zu leiden haben, wie sie von Haus 12 angezeigt sind: Geheimniskrämerei, Selbstaufopferung, Inhaftierung, Krankenhausaufenthalt oder geistige Verwirrung. All dies hat womöglich – direkt oder indirekt – einen Bezug zu Fehlern und Mängeln des Geborenen. Kurze Reisen und das, was mit Lernen und Ausbildung zu tun hat, dürften sich in erster Linie auf Ziele richten, die vom 12. Haus angezeigt sind – zum Beispiel Krankenhäuser – und die vielleicht mit im Geheimen stattfindenden Tätigkeiten oder mit Selbstaufopferung zusammenhängen. Ohne es zu wollen, könnte der Geborene dafür verantwortlich sein, daß Verwandte oder Freunde Zuflucht zu seiner Traumwelt nehmen.

Das 4. Haus und sein Herrscher

Ein leeres 4. Haus kennzeichnet normalerweise jemanden, der emotional oder physisch nicht eng mit seiner häuslichen Umgebung verbunden ist. Ob dieser Mensch nun im Wohnwagen oder in einem herrschaftlichen Palast lebt – die Struktur seines Zuhauses ist ihm nicht allzu wichtig. Dort, wo der Herrscher von 4 steht, fühlt er sich «zuhause». Dieser Lebensbereich ist es, der es ihm erlaubt, eine häusliche Struktur zu erleben.

Dieses Haus steht weiterhin für die fundamentalen Emotionen sowie für einen der beiden Elternteile. Ist in 4 kein Planet zu finden, muß das nicht auf eine Beeinträchtigung der emotionalen Empfänglichkeit schließen lassen, und genausowenig ist damit zwangsläufig das Fehlen von Vater oder Mutter angezeigt. Vielmehr handelt es sich darum, daß ein Elternteil – für gewöhnlich der Vater – bereitwillig akzeptiert und bedingungslos geliebt wird, ungeachtet seiner Fehler. Gleichermaßen könnte es so sein, daß der betreffende Elternteil seiner Verantwortung dem Kind gegenüber nicht gerecht geworden ist (dies stellt meist die Sichtweise des Geborenen dar, die nicht unbedingt der Realität zu entsprechen braucht).

Menschen, deren 4. und 10. Haus unbesetzt sind, zeichnen sich durch ein sehr unabhängiges und eigenwilliges Wesen aus. Es mutet manchmal merkwürdig an, wie unbekümmert sie hinsichtlich ihrer Beziehung zu den Eltern sind (manchmal kann man hier gar nicht mehr von einer Beziehung sprechen). Diese Personen sind «Lebenskünstler», sie können ein Leben führen, das ohne jede elterliche Beziehung und ohne ein festes Zuhause auskommt. Diese augenscheinliche Unabhängigkeit kann aber auf der anderen Seite charakterlich eine große Rastlosigkeit und Unbeständigkeit bedeuten.

 ## Herrscher des unbesetzten 4. Hauses im 1. Haus

Die ruhige, auf das Zuhause ausgerichtete, emotionale Reaktionsweise, wie sie mit dem 4. Haus einhergeht, wird in diesem Fall für alle sichtbar. Für das Selbstbild des betreffenden Menschen ist es wichtig, als häusliche, warmherzige und anteilnehmende Person eingeschätzt zu werden, weiterhin als jemand, der den Wünschen seiner Eltern nachkommt. Für gewöhnlich der starke Wunsch nach einem glücklichen und von Wohlstand geprägten häuslichen Leben. Dies resultiert aus dem Drang, als verläßliche und liebenswerte Person gesehen zu werden. Das Endergebnis könnte hier aber ein geschmackloses Zuhause sein, das den wahren Bedürfnissen in keiner Weise gerecht wird.

Herrscher des unbesetzten 4. Hauses im 2. Haus

Die Themen Zuhause und Eltern finden Niederschlag auf dem Gebiet des Finanziellen. Die betreffende Person könnte ihr Zuhause und ihre Eltern als Mittel ansehen, durch die sie ihre Fähigkeit zum Geldverdienen entwickeln kann, oder als Garanten materieller Sicherheit. Der Vater oder die Mutter wird vielleicht als «Besitz» betrachtet. Das Zeichen, das an der Spitze von 2 steht, sowie der Planet, der sich in diesem Haus befindet, lassen Rückschlüsse darauf zu, ob sich diese Einschätzung eher in einem fürsorglichen oder in einem fordernden Verhalten auswirkt. Der Geborene könnte – möglicherweise sehr bestimmt – vom Vater oder von der Mutter Unterstützung für seine finanziellen Wagnisse fordern. Es könnte den Anschein haben, als ob es diese Person ist, die von dem Kontakt profitiert – sehr häufig aber ist der Vater oder die Mutter ein nur zu williger Partner.

 ### Herrscher des unbesetzten 4. Hauses im 3. Haus

Dieser Mensch fühlt sich im Kreise seiner Geschwister, Verwandten und Nachbarn zuhause, und vielleicht lebt er mit ihnen zusammen. Seine Kinderjahre waren womöglich davon gekennzeichnet, daß verschiedene Verwandte eine Art Ersatzeltern für ihn darstellten. Es ist davon auszugehen, daß diese Person sich in ihrem Zuhause durch Unbeständigkeit auszeichnet, und vielleicht ist sie immer unterwegs zu einem neuen Zuhause, von einem Verwandten zum nächsten, in gewisser Weise wie ein Landstreicher. Dieser Mensch trägt seinen Eltern nichts nach, ist ihnen gegenüber aber auch nicht sehr herzlich eingestellt.

 ### Herrscher des unbesetzten 4. Hauses im 5. Haus

Ein nur gering ausgeprägtes Gefühl der Verantwortung für oder der Verbindung mit dem Zuhause oder dem Vater. Dieser Mensch könnte sich dort zuhause fühlen, wo etwas los ist. Wenn er seine Kreativität, seinen Drang nach Vergnügungen, seinen Überschwang und seine Kinderliebe zum Ausdruck bringen kann, fühlt er sich zufrieden. Es ist wichtig für ihn, daß seine diesbezüglichen Bedürfnisse in seinem Zuhause erfüllt werden können. Fitneßraum, Swimmingpool, Tennisplatz, Kinderzimmer – dies alles sind für ihn wichtige Bestandteile des Zuhauses. Es könnte in seinem Fall so sein, daß sich entweder der Vater oder die Mutter durch unreifes oder kindisches Verhalten auszeichneten. Wie dem auch sein mag – der Geborene war dazu imstande, mit dieser Anomalie umzugehen.

Herrscher des unbesetzten 4. Hauses im 6. Haus

Die häusliche Situation sowie ein Elternteil haben eine starke Auswirkung auf das Feld der Arbeit und Gesundheit. Dieser Mensch fühlt sich dann emotional sicher, wenn er diese beiden Lebensbereiche miteinander verbinden kann. Womöglich nimmt er vieles auf sich, um den Vater bei seiner Arbeit zu unterstützen, womöglich arbeitet er unmittelbar mit ihm zusammen. Der Geborene könnte dazu neigen, einen Teil seines Arbeitsplatzes als seinen Besitz zu betrachten, als einen Ort, an dem er zuhause ist, und vielleicht gestaltet er ihn tatsächlich so, als wäre es ein Bestandteil seines Heims. Wahrscheinlich schmücken Gegenstände aus seinem Zuhause den Schreibtisch im Büro. Wenn er sich in seiner beruflichen Atmosphäre sicher und geborgen fühlt, wird er bei der Arbeit viel von seinem Zuhause erzählen.

Herrscher des unbesetzten 4. Hauses im 7. Haus

Dieser Mensch fühlt sich bei seinem Partner zuhause. Es ist ihm nicht wichtig, wo dies ist – was zählt, ist die emotionale Verbindung zu der geliebten und anteilnehmenden Person. Unter Umständen wohnt ein Elternteil mit diesem Paar unter einem Dach. Der Vater oder die Mutter könnte dabei die Quelle großer Befriedigung oder aber frustrierender Beschränkung sein. Dies ist daran abzulesen, um welchen Planeten es hier geht und welche Aspekte zu ihm bestehen. Bezüglich der meisten Lebensbereiche ist der Geborene durch eine gewisse emotionale Reserviertheit gekennzeichnet. In Hinblick auf die Beziehung ist es aber eher so, daß er keinen Abstand zum Partner hat.

Herrscher des unbesetzten 4. Hauses im 8. Haus

Diese Plazierung bedeutet zusätzliche emotionale Intensität und Introvertiertheit. Das für gewöhnlich problemlose Akzeptieren all dessen, was mit dem Zuhause und den Kinderjahren zusammenhängt, bekommt etwas Problematisches, wenn der Herrscher von 4 in Haus 8 steht. In Verbindung mit den emotionalen und finanziellen Bedürfnissen ist das Zuhause hier von großer Wichtigkeit. Der Geborene erhält – und hält dies womöglich auch für selbstverständlich – unter Umständen von seinem Vater materielle Unterstützung, als Reaktion auf die finanziellen oder emotionalen Probleme, die aus der Partnerschaft erwachsen.

 ## Herrscher des unbesetzten 4. Hauses im 9. Haus

Dieser Mensch trachtet danach, von seinem Geburtsort so weit entfernt wie nur möglich zu leben. Muß er umstandsbedingt an diesem Ort bleiben, sollte er zumindest seinen Urlaub in der Ferne verbringen. Er fühlt sich nicht wirklich glücklich und nicht wirklich «zuhause», wenn er da bleibt, wo er geboren ist. Einiges von dieser Rastlosigkeit könnte in ausgedehntes Reisen oder umfassendes Lernen oder Studieren transformiert werden. Die ultimative Lösung dafür ist, sich im Ausland niederzulassen. Der Vater dieses Menschen stammt häufig selbst aus dem Ausland; der Geborene ermutigt diesen, ihn auf seinen Reisen zu begleiten. Das Thema Zuhause und die Sicherheitsbedürfnisse sind in diesem Fall mit dem expansiven Lernprozeß eng verbunden.

 ## Herrscher des unbesetzten 4. Hauses im 10. Haus

Diesem Menschen ist die Karriere das Zuhause. Was die berufliche Stellung betrifft, könnte er auf Kritik überempfindlich beziehungsweise sehr emotional reagieren. Probleme, die sich im Zuhause ergeben, beschäftigen ihn auch am Arbeitsplatz; dort kann er sie besser überdenken und Lösungsmöglichkeiten finden. Diese Stellung zeigt häufig an, daß ein Elternteil – für gewöhnlich der Vater – bei der Erziehung beide Elternrollen ausgefüllt hat.

Auch dürften die beruflichen Vorstellungen des Vaters den Geborenen unterstützt haben.

 Herrscher des unbesetzten 4. Hauses im 11. Haus

Freunde und Gruppenaktivitäten stellen für diese Person einen Hafen der Sicherheit, des Friedens und der «Einheit» dar. Sie fühlt sich dann wohl und in Übereinstimmung mit ihren innersten Emotionen, wenn sie sich bei Freunden in deren Zuhause oder in den Räumen befindet, wo sich ihre Gruppe trifft. Ein Elternteil könnte hier an den Gruppenzusammenhängen beteiligt sein oder vielleicht auch eine wahre Freundschaft zu dem Geborenen unterhalten.

 Herrscher des unbesetzten 4. Hauses im 12. Haus

Man sollte annehmen, daß der Herrscher von 4 in Haus 12 – ebenfalls ein Wasser-Haus – harmonisch zur Wirkung kommt. Mit dieser Stellung aber sind häufig Schwierigkeiten verbunden, für den Geborenen und/oder für seine Eltern. Möglicherweise steht das in Verbindung mit einer Inhaftierung beziehungsweise mit einem Aufenthalt im Krankenhaus oder einer anderen Institution, zu einer wichtigen Zeit im Leben des Geborenen. Unter Umständen aber ist auch der Vater oder die Mutter während der ganzen Kindheit nicht in Erscheinung getreten. Denkbar wäre ebenfalls, daß der Geborene selbst einige Zeit in einer Institution zubringen mußte. Das Zuhause und die häuslichen Probleme sind etwas, was dieser Mensch geheim halten möchte. Es könnte sogar so sein, daß er einen Teil seines Lebens ohne ein wirkliches Zuhause zubringt oder aber sein Zuhause wohltätigen Zwecken opfert.

Das 5. Haus und sein Herrscher

In gewisser Weise scheint das 5. Haus für all das im Leben zu stehen, was Vergnügen bereitet: gesellige Unternehmungen, Kreativität, Kinder, das Verliebtsein, Sport, Spaß und Spiel. Dieses ist das Haus der Sonne – und insofern ein besonders wichtiger Horoskopbereich. Planeten in 5 signalisieren die Liebe zur Aktivität. Man könnte deshalb womöglich enttäuscht sein, wenn man feststellt, daß dieses Horoskophaus unbesetzt ist. Es geht aber nur darum, daß der Mensch in diesem Fall das, was wir oben angeführt haben, nicht für das Wichtigste im Leben hält. Er sucht nicht auf die enthusiastische Weise nach Vergnügungen wie derjenige mit Planeten in 5. Wie bei den anderen unbesetzten Häusern auch ist hier von großer Bedeutung, wo der Planet steht, der über das Zeichen an der Haus-Spitze herrscht. Diese Planetenposition läßt erkennen, wo der Mensch mit unbesetztem 5. Haus seine Instinkte nach Geselligkeit und Vergnügen zum Ausdruck bringt.

Der Mensch mit einem oder mehreren Planeten in 5 ist für gewöhnlich romantisch veranlagt, kreativ und schnell zu geistiger oder körperlicher Aktivität zu bewegen – in Abhängigkeit zu dem betreffenden Planeten (allerdings ist darauf hinzuweisen, daß zum Beispiel mit Saturn derartige Eigenschaften nicht so deutlich in Erscheinung treten oder der Mensch nicht so leicht «in Schwung» kommt). Die Person dagegen, die ein leeres 5. Haus im Horoskop hat, mag womöglich «immun» gegen Bedürfnisse sein, wie sie von diesem Horoskopbereich angezeigt sind. Vielleicht projiziert sie diese auch in konzentrierterer Form auf ein anderes Gebiet.

Nur wenige Frauen mit einem unbesetzten 5. Haus haben den Wunsch nach einer großen Familie. In den seltenen Fällen, in denen hier Kinder vorhanden sind, spielen andere Faktoren hinein, zum Beispiel der Partner, der sich sehnlichst eine große Familie wünscht. Ein sehr fruchtbares Zeichen an der Spitze von 5 (Krebs, Skorpion oder Fische) kann die Anzahl der Kinder erhöhen, was um so mehr gilt, wenn der Herrscher dieses Zeichens noch in einem Wasserzeichen steht. Allerdings könnte es in diesem Fall so sein, daß kein grundsätzliches Bedürfnis, Kinder zu zeugen und zu erziehen, vorhanden gewesen war.

Herrscher des unbesetzten 5. Hauses im 1. Haus

Dieser Mensch erweckt den Anschein von Fröhlichkeit und Geselligkeit in Verbindung mit kreativen Aktivitäten. Frauen mit dieser Stellung verspüren zumeist den starken Drang, Kinder zu gebären. Für Männer gilt, daß sie nur zu häufig erkennen lassen, wie sehr ihnen die Gegenwart von Kindern gefällt. In beiden Fällen aber ist die äußerliche Manifestation der Aktivitäten des 5. Hauses eine Illusion (was schwer zu erkennen ist): Diese Menschen sind der Ansicht, daß sie durch die Zurschaustellung der Bedürfnisse des 5. Hauses von der Gesellschaft Anerkennung und Respekt erhalten. Wenn sie keine Kinder bekommen können und sich keine Liebesbeziehung oder spielerische Aktivität ergibt, fühlen sie sich unter Umständen schuldig und sind sehr unglücklich.

Herrscher des unbesetzten 5. Hauses im 2. Haus

Die Aktivitäten des 5. Hauses werden hier zu etwas Seriösem, in Verbindung mit finanziellen Auswirkungen. Entweder gibt der Geborene für seine Liebschaften oder für seine Kinder viel Geld aus oder hat dabei von vornherein die finanziellen Konsequenzen vor Augen. Dieser Mensch könnte durch seine Kinder, durch die Liebe oder seine kreativen Ventile Geld verdienen. Er neigt dann auch dazu, seine Kreativität unter materiellen Aspekten zu sehen, ohne jegliches Interesse, etwas zu erschaffen, das ohne materiellen Wert ist. Die Kinder und die geliebte Person werden hier möglicherweise als persönlicher Besitz betrachtet. Insofern könnte ein überfürsorgliches Verhalten zu verzeichnen sein.

Herrscher des unbesetzten 5. Hauses im 3. Haus

Vergnügungen und gesellige Kontakte ergeben sich hauptsächlich mit Verwandten, Geschwistern, Nachbarn und Bekannten. Die

Gegenwart und lebhafte Ausdrucksweise des Geborenen wird allgemein geschätzt. Dieser genießt es, über Kinder, über die Liebe oder über kreative Aktivitäten zu reden oder zu schreiben – selbst dann, wenn das mit Situationen auf der praktischen oder persönlichen Ebene zusammenhängt, die ihn nicht besonders interessieren. Diese Person mag es nicht, für sich allein etwas zu unternehmen oder für sich allein Zerstreuung zu suchen. Sie hat dann ihren Spaß, wenn sie in Gesellschaft von Mitmenschen ist, die ihr Interesse stimulieren.

 ## Herrscher des unbesetzten 5. Hauses im 4. Haus

Kinder werden als wichtige Ausweitung des Zuhauses aufgefaßt. Dieser Mensch sagt vielleicht: »Ein Zuhause wird erst durch Kinder zu einem richtigen Zuhause.« Das, was mit Liebe und Zärtlichkeit zu tun hat, läßt er wahrscheinlich nur bei sich zuhause deutlich werden. Aber auch die anderen Aktivitäten, wie sie von Haus 5 angezeigt sind, gedeihen insbesondere in der häuslichen Atmosphäre. Diese Person könnte sehr bemüht sein, für die Wahl des Liebespartners und für die Kinder Anerkennung von einem Elternteil zu erhalten (für gewöhnlich handelt es sich dabei um den Vater).

 ## Herrscher des unbesetzten 5. Hauses im 6. Haus

Dieser Mensch ist bestrebt, Freude an seiner Arbeit zu haben, und er wird viel dafür tun, daß er bei ihr seine Kreativität zum Einsatz bringen kann. Die Arbeitskollegen und Partner schätzen seine aufmunternde Gegenwart. Beziehungen, die mit einem Arbeitskollegen oder mit einer Arbeitskollegin eingegangen werden, entsprechen hier dem innerlichen Bedürfnis, Arbeit und Vergnügen miteinander zu kombinieren. Vielleicht kommt es auch dazu, daß die Kinder in das berufliche Umfeld eingeführt werden – eine ideale Entsprechung wäre hier die Mutter, die bei ihrer Tätigkeit das Kind im Betriebskindergarten gut versorgt weiß. Was in diesem Fall auch denkbar wäre, ist die Zusammenarbeit und berufliche Partnerschaft mit Sohn oder Tochter.

Herrscher des unbesetzten 5. Hauses im 7. Haus

Diese Person dürfte dazu neigen, alles, was mit dem Verliebtsein zu tun hat, aus dem Blickwinkel einer dauerhaften Verbindung heraus zu betrachten. Beiläufige Affären und Flirts interessieren sie nicht im geringsten. Bevor sie dazu bereit ist, sich den Hof machen zu lassen, wird der Partner intensiv auf sein «Heiratspotential» hin untersucht. Kinder könnten als sehr wichtiger Bestandteil der Ehe gesehen werden – auch dann, wenn der Geborene selbst nicht unbedingt über starke elterliche Instinkte verfügt. Die Heirat hat in diesem Fall eine anspornende Wirkung auf die Kreativität und körperliche Betätigung. Allerdings besteht dabei die Erwartung, daß sich der Partner ebenfalls von derartigen Aktivitäten angesprochen fühlt.

 Herrscher des unbesetzten 5. Hauses im 8. Haus

Eine sehr machtvolle, intensive Stellung hinsichtlich der emotionalen und physischen Kontakte. Die Angelegenheiten, wie sie mit dem 5. Haus einhergehen, kommen auf eine tiefgründige und ernsthafte Weise zum Ausdruck. Auch eher beiläufige Beziehungen werden hier von der durchdringenden Leidenschaft erfaßt. Dieser Mensch hat nicht einfach Spaß an der Sexualität, er verehrt sie und analysiert sie bis ins Detail. Es muß nicht unbedingt ein ausgeprägter Kinderwunsch vorhanden sein – wenn diese Person aber Kinder bekommt, könnte sie sich durch sehr viel Fürsorglichkeit und Aufmerksamkeit auszeichnen. Frauen mit dieser Stellung könnten sich mehr mit der Empfängnis, der Schwangerschaft und der Geburt beschäftigen als mit dem Kind selbst. Kreative und sportliche Betätigung ist in diesem Fall unter Umständen ein Ventil für die Eliminierung der exzessiven sexuellen Energie.

 Herrscher des unbesetzten 5. Hauses im 9. Haus

Hier handelt es sich um eine harmonische Kombination, die für Beliebtheit sorgt. Das Lernen auf den höheren Ebenen, Religion, Philosophie und Reisen in weit entfernte Länder finden in einem Rahmen statt, der von vergnüglichen und geselligen Umständen gekennzeichnet ist. Selbst auf den ernsthaftesten Studiengebiete kommt die Kreativität und der unterhaltsame Geist dieses Menschen zur Geltung. Diese Person glaubt, daß man an spirituelle Ziele wie an seriöse Themen auf eine lockere Weise herangehen sollte, in Form eines Gedankenaustausches. Sie könnte der Ansicht sein, daß sie dann am meisten lernt, wenn sie Kinder erzieht oder sich in jemanden verliebt. In ihrem Inneren ist sie ernsthaft und bestrebt, ihren Geist auszuweiten. Was diesem Menschen zutiefst widerstrebt, ist, als leidenschaftsloser Gelehrter angesehen zu werden.

 ## Herrscher des unbesetzten 5. Hauses im 10. Haus

Die kreativen Ventile, die sportlichen Aktivitäten und alles, was mit dem Verliebtsein zu tun hat, könnten sich in diesem Fall auf den Beruf des Geborenen beziehen. Sehr häufig ergibt sich hier, daß kein Sinn für Vergnügungen besteht – solange sie nicht fördernd auf Beruf und Karriere wirken. Wenn dieser Mensch glaubt, daß eine Squash-Partie mit dem Chef gut für seine Karriere ist, wird er alles tun, um ein guter Squash-Spieler zu werden. Die Beziehung muß nach außen hin repräsentativ sein, nützlich und den gesellschaftlichen Normen gerecht werden. Die familiäre Rolle könnte in diesem Fall als Mittel gesehen werden, das persönliche Ego auszuweiten und berufliche Erfüllung zu finden. Dieser Mensch ist aller Wahrscheinlichkeit nach stolz auf seine Nachkommen. Er hat den Wunsch, daß sie beruflich in seine Fußstapfen treten.

 ## Herrscher des unbesetzten 5. Hauses im 11. Haus

Die Belange des 5. Hauses sind für einen solchen Menschen insbesondere beim Umgang mit Freunden und Gruppen von Wichtigkeit. Wenngleich ihm die Vaterrolle nicht unbedingt behagt, interessiert er sich doch sehr für die Kinder seiner Freunde – vielleicht behandelt er diese mit größter Aufmerksamkeit und viel Respekt. Womöglich ist er Mitglied einer Gruppe, die zumindest zum Teil kindhafte Aktivitäten ausübt. In seinem Herzen sieht er sich immer noch als Kind, und er neigt dazu, diesbezügliche Eigenschaften auf die Freunde zu projizieren. Nichtsdestotrotz macht es Spaß, mit ihm zusammenzusein. In den meisten Fällen ist er guter Dinge und zeichnet sich durch gute Laune aus. Es ist ihm wichtig, daß seine Partnerwahl bei den Freunden auf Zustimmung stößt. Flüchtige Flirts bedeuten ihm eigentlich nichts, er ist nur deshalb für derartige Kontakte aufgeschlossen, weil er glaubt, damit Anerkennung seitens der Umgebung zu erhalten. Sportliche oder kreative Aktivitäten unternimmt er eher auf Drängen eines Freundes denn aus eigenem Antrieb.

 ## Herrscher des unbesetzten 5. Hauses im 12. Haus

Dieser Mensch hat, was die Angelegenheiten des 5. Hauses betrifft, sehr untergründige und tief verborgene Motive. Affären, die über lange Zeit im Verborgenen gehalten werden, wären eine Entsprechung dazu. Diese Person ist unfähig, sich an sich selbst auf eine offene und ehrliche Weise zu erfreuen. Vieles, was bei ihr mit Kreativität und Liebe zu tun hat, spielt sich im Unbewußten oder lediglich in der Phantasie ab – sie könnte sich in Gedanken mit jemandem verbunden fühlen, den sie real niemals kennenlernt. Die Beziehung zu Kindern ist schwierig zu beschreiben: Dieser Mensch hält seine elterlichen Instinkte im Verborgenen weitgehend unter Kontrolle. Womöglich lehnt er Kinder ab, vielleicht bereiten ihm Kinder Probleme, zum Beispiel in Verbindung mit Aufenthalten in Krankenhäusern oder anderen Institutionen. Frauen mit dieser Planetenstellung geben häufig vor, Kinder bekommen zu wollen, verweigern sich aber im Unbewußten der Empfängnis. Dies liegt dann daran, daß sie der praktischen Verantwortung, die die Mutterrolle bedeutet, ausweichen wollen. Für diesen Menschen ist es letztlich besser, sich als liebevollen Vater oder Mutter zu sehen als tatsächlich dazu zu werden.

Das 6. Haus und sein Herrscher

Ein leeres 6. Haus bedeutet nicht, daß der Mensch arbeitslos oder krank ist oder nichts von Tieren hält. Wenn sich keine Planeten in diesem Haus befinden, ist damit vielmehr angezeigt, daß man all das akzeptiert, was mit diesem Horoskopbereich zusammenhängt. Derjenige, bei dem einige Planeten in 6 stehen, hat womöglich eine robustere Konstitution als der Mensch, bei dem dieses Haus leer ist (das gilt insbesondere dann, wenn auch das 12. Haus unbesetzt ist). Es könnte ironisch anmuten: Ein Mensch mit Planeten im 6. Haus macht sich vielleicht übermäßige Sorgen um seine Gesundheit, während die Person, die hier keine Planeten hat, sich nicht mit diesem Thema beschäftigt und mit einer guten gesundheitlichen Verfassung belohnt wird.

Beim Studium des 6. Hauses sollten wir unbedingt berücksichtigen, wie es um das 2. Haus (Geld) und um das 10. Haus (Karriere und Ziele) bestellt ist. Um mehr Geld zu verdienen oder um im gewählten Beruf Erfolg zu haben, muß man für gewöhnlich hart arbeiten. Der Mensch mit einem leeren 6. Haus könnte, wenn er durch Planeten in 2 oder 10 getrieben wird, den Eindruck eines «Workaholic» erwecken. Nur dann, wenn alle drei Häuser nicht besetzt sind, können wir mit einiger Sicherheit sagen, daß der Mensch sich nicht allzu viele Gedanken um Arbeit und die materiellen Faktoren des Lebens machen wird. Auf der anderen Seite wiederum kann man häufig sehen, daß jemand mit einem leeren 6. Haus und einigen Planeten in 10 in seiner Karriere ganz nach oben kommt, ohne daß dem Anschein nach dafür allzuviel Arbeit notwendig gewesen wäre.

 ### Herrscher des unbesetzten 6. Hauses im 1. Haus

Diese Person genießt es, von sich das Bild eines gesunden und hart arbeitenden Menschen zu vermitteln. Sie könnte infolgedessen selbst für die Arbeiten Anerkennung erhalten, die sie nicht vollendet hat. Es besteht hier ein großes Wissen über Gesundheit und Ernährung, welches aber nur selten auf die eigene Person angewendet wird (insgeheim hält dieser Mensch derartige Erkenntnisse für langweilig). Tiere fühlen sich zu ihm hingezogen, und er zeichnet sich durch viel Engagement für sie aus. Aber hier ist auch möglich, daß er trotz seines äußerlichen Verhaltens Tiere nicht mag oder sie für schmutzig hält. In bezug auf Kritik ist diese Person empfindlich. Sie möchte der Umgebung den Eindruck vermitteln, daß sie stets das Richtige tut.

 ### Herrscher des unbesetzten 6. Hauses im 2. Haus

Wo immer sich die Chance zu finanziellen Gewinnen auftut, ist dieser Mensch zu harter Arbeit bereit. Zumindest erweckt er diesen Anschein. Arbeit ist in erster Linie wegen des materiellen Verdienstes sowie des möglichen Erwerbs von Besitz interessant. Wenn dieser Mensch seine Fähigkeit zum Geldverdienen nicht zum Ausdruck bringt, könnten sich starke Auswirkungen auf die Gesundheit ergeben. Mit dieser Stellung ist vielleicht verbunden, in Zusammenhang mit Tieren Geld zu verdienen. Das Einkommen könnte aber auch durch die Beschäftigung mit gesundheitlichen Themen oder zum Beispiel durch die Erstellung von Diätplänen erzielt werden.

 ### Herrscher des unbesetzten 6. Hauses im 3. Haus

Mit dieser Planetenstellung sind viele kurze Reisen zu erwarten. Der Geborene hat seine Freude an Kommunikation und daran, während der Arbeit unterwegs zu sein. Seinen Verwandten, Geschwistern und Nachbarn wird er immer wieder beteuern, wie sehr ihm die ständige Abwechslung im Alltag gefällt. Ein Job, der viel Routine beinhaltet, ist für ihn bestimmt nicht ideal. Schon ein oder zwei Tage in einem abgelegenen Büro können hier unter Umständen zu gesundheitlichen Beschwerden führen.

 ### Herrscher des unbesetzten 6. Hauses im 4. Haus

Die ideale Stellung für jemanden, der von zuhause aus tätig wird: Der Mensch, der von seinen eigenen vier Wänden aus ein Geschäft aufzieht oder der auch nur zuhause Briefumschläge mit Adressen versieht. Die Tätigkeit im eigenen Zuhause führt hier zu einer innerlichen Zufriedenheit. Was die Arbeit angeht, könnte hier von Zeit zu Zeit eine übergroße Empfindsamkeit zu verzeichnen sein. Sicherheit fühlt diese Person dann auch nur, wenn sie von ihrem Heim aus aktiv wird. In ihrem Privatleben beschäftigt sie sich intensiv mit gesundheitlichen Themen. Wird sie einmal krank, macht sie davon kein Aufhebens. Haustiere bedeuten eine Steigerung des Identitätsgefühls und eine Stärkung des innerlichen Bedürfnisses nach Sicherheit.

Herrscher des unbesetzten 6. Hauses im 5. Haus

Die Bedürfnisse, die von dem 5. Haus angezeigt werden, bekommen in diesem Falle etwas Praktisches und Seriöses. Arbeit und das Thema Gesundheit wirken sich dabei auf das gesellschaftliche Leben aus. Andere könnten den Eindruck gewinnen, daß Spaß und Vergnügen unbekannt sind – nichtsdestotrotz bezieht diese Person große Freude daraus, intensiv für ihre Kreativität und für soziale Zwecke zu arbeiten. Was die Gesundheit betrifft, macht sich dieser Mensch kaum Sorgen – beschäftigen tut ihn nur die körperliche Verfassung seiner Kinder und seines Partners. Vielleicht kommt es hier dazu, daß er der Familie ein Tier schenkt.

Herrscher des unbesetzten 6. Hauses im 7. Haus

Die Arbeit und die Situationen, die mit Gesundheit zu tun haben, kommen auf dem Gebiet der Partnerschaft zum Ausdruck. Der Geborene könnte den Partner diesbezüglich mit Sorgen konfrontieren – womöglich im Übermaß. Es könnte auch so sein, daß der Partner in mehr oder weniger ausgeprägter Form für den Geborenen arbeitet. Denkbar wäre sogar, daß dieser eine sehr dominierende Stellung hat. Der Mensch, bei dem der Herrscher von 6 im 7. Haus steht, ist sehr abhängig von der Partnerschaft beziehungsweise von seinen Partnern. Möglicherweise bezieht er daraus auch viel konkrete Unterstützung.

Herrscher des unbesetzten 6. Hauses im 8. Haus

Eine sehr komplexe Stellung, die unter Umständen eine übergroße Empfindsamkeit gegenüber dem, was mit der Arbeit zu tun hat, bedeutet. Dies würde mit dem Bestreben des Menschen zusammenhängen, seine intensiven emotionalen und körperlichen Reaktionen auf Partner für sich zu behalten oder aber zu verdrängen. Die betreffende Person arbeitet hart, um etwas von anderen zu bekommen – Geld, Besitz, Emotionen oder sexuelle Reaktionen. Mit dieser Position ist vielfach eine verschrobene Art von analytischer Beobachtung gegeben. Der Geborene könnte womöglich einmal ein Geschäft erben oder von seinen Mitarbeitern mit finanziellen Zuwendungen bedacht werden.

 ### Herrscher des unbesetzten 6. Hauses im 9. Haus

Dieser Mensch hat seine Freude daran, hart an seinen Studien zu arbeiten, welche ihm sehr viel bedeuten. Über alles, was mit Arbeit oder Gesundheit zu tun hat, kommuniziert er auf eine umfassende, philosophische Art. Er geht dabei davon aus, daß er am meisten über das Leben sowie über die Arbeit lernen kann, wenn er sich den Situationen und Erfahrungen offen stellt. Was Reisen in weit entfernte Gebiete betrifft, verhält er sich analytisch, überlegt und ernsthaft. Oftmals ist hier eine berufliche Beschäftigung gegeben, die lange Reisen oder Weiterbildung erfordert.

 ### Herrscher des unbesetzten 6. Hauses im 10. Haus

Wenn der Herrscher von 6 im 10. Haus zu finden ist, haben wir es mit einer sehr ehrgeizigen Person zu tun, mit jemandem, der sehr hart für die Ziele arbeitet, die er sich selbst setzt. All das, was mit Gesundheit, Dienstbereitschaft und Tieren zu tun hat, findet seinen Niederschlag im Berufsleben (insofern würde es sich hier um eine günstige Stellung für Ärzte, Ernährungsberater, Tierärzte oder Zoowärter handeln). Der Geborene ist dazu imstande, in dem von ihm gewählten Bereich an die Spitze zu kommen. Dafür ist nicht nur sein Vermögen zu harter Arbeit verantwortlich, sondern auch seine gut ausgeprägten analytischen Fähigkeiten.

Herrscher des unbesetzten 6. Hauses im 11. Haus

Jemand, der es vorzieht, mit Freunden zu arbeiten oder im Rahmen von Gruppen. Die Art der Arbeit spielt hier eine relativ geringe Rolle, entscheidend ist vielmehr die Gesellschaft, die der Mensch dabei hat. Diese Person hat ihre Freude an sozialer Aktivität und an sich zufällig ergebenden Kontakten mit den verschiedensten Menschen. Sie ist nicht glücklich, wenn sie bei der Arbeit sich selbst überlassen ist. Es macht ihr weiterhin Spaß, sich über Gesundheit und die Arbeit mit ihren Freunden auseinanderzusetzen. Gleichermaßen nimmt sie großen Anteil am Wohlergehen ihrer Bekannten.

 ## Herrscher des unbesetzten 6. Hauses im 12. Haus

Das 6. und das 12. Haus haben vieles gemeinsam, insbesondere das Thema Gesundheit. Allerdings handelt es sich dabei nicht unbedingt um eine glückliche Stellung. Die Themen Arbeit und Gesundheit könnten hier im Verborgenen gehalten werden, im Versuch, nichts darüber erkennen zu lassen. Nichtsdestotrotz besteht aber die Fähigkeit, die Motive der anderen Menschen sowie deren Einstellung zu diesen Gebieten zu ergründen. Der Geborene könnte sich dadurch auszeichnen, daß er hinter den Kulissen Pläne macht, aber seine Probleme damit hat, die Dinge dann in Gang zu bringen. Zuzeiten könnte er sich hinsichtlich der Arbeit oder der Gesundheit unter Druck fühlen. Das hängt dann möglicherweise mit der Ansicht zusammen, daß er seine eigenen Bedürfnisse unterdrücken muß, um von anderen Anerkennung für seine Dienste zu erhalten. Es gibt in diesem Menschen eine dunkle, geheimniskrämerische Seite, die er analysieren, aber für sich behalten möchte.

Das 7. Haus und sein Herrscher

Der Mensch mit Planeten im 7. Haus hat das Bedürfnis nach Gesellschaft sowie danach, fest mit einem Partner zusammenzusein. Ist das 7. Haus unbesetzt, heißt das nicht, daß Bedürfnisse dieser Art nicht vorhanden wären oder daß es keine langfristige Beziehung gibt. Vielmehr ist damit ein stärkeres Bedürfnis nach Unabhängigkeit innerhalb der Beziehung angezeigt. Hier handelt es sich um den Menschen, der seine eigenen Interessen verfolgt und der abseits vom Ehepartner ein eigenständiges Leben führt. Wenn auch das 5. und das 8. Haus unbesetzt sind, könnte der Mensch sehr große Probleme damit haben, eine Beziehung einzugehen. Womöglich hält er das in diesem Fall aber auch gar nicht für wünschenswert.

Was das nicht besetzte 7. Haus betrifft, gibt es kein eindeutiges Muster. Mir sind viele Menschen bekannt, die bei dieser Stellung nicht geheiratet haben – genauso viele aber (wenn nicht mehr), die damit zwei- oder dreimal eine Ehe eingehen. Ein veränderliches Zeichen (Zwillinge, Jungfrau, Schütze oder Fische) an der Spitze von 7 weist mit größerer Wahrscheinlichkeit auf mehrere Ehen hin (ob es nun Planeten in diesem Haus gibt oder nicht). Fixe Zeichen an der Spitze von 7 (Stier, Löwe, Skorpion und Wassermann) stehen für Loyalität und für Beständigkeit in der Partnerschaft – insofern zögern diese Menschen, einmal eingegangene Beziehungen zu lösen. Kardinale Zeichen an der Spitze von 7 (Widder, Krebs, Waage und Steinbock) scheinen zwei verschiedene Einstellungen zu symbolisieren: Widder und Waage stürzen sich mit Enthusiasmus und Tollkühnheit in Situationen hinein, die von anderen gemieden werden, sie toben sich aus und verlieren dann rasch das Interesse; Krebs und Steinbock sind sehr vorsichtig beim Eingehen von Beziehungen und sehr zögerlich beim Auflösen von überlebten Verbindungen. Bei allen vier Zeichen aber ist kennzeichnend, daß der Mensch weiß, was er will, und daß er das tut, was notwendig ist.

Woran wir hier denken müssen, ist, daß derjenige mit einem unbesetzten 7. Haus nicht wirklich die eine feste Beziehung braucht. Damit einhergehend besteht die Tendenz, vor diesem Thema die Augen zu verschließen. Zumindest ergreift diese Person schnell die Flucht, wenn sie sich einer frustrierenden Situation gegenübersieht. Ausnahmen sind dann möglich, wenn die Waage oder die Venus im Horoskop stark gestellt ist.

Da, wo im Horoskop der Herrscher des 7. Hauses zu finden ist, sucht der Mensch im Rahmen der Beziehung Erfüllung. Liebe muß nicht das sein, worauf es letztlich ankommt. Menschen heiraten aus den verschiedensten Gründen – um ein Zuhause zu haben, um Kinder zu bekommen, aus dem Wunsch nach Geld, aus Ehrgeiz und so weiter. Wenn es um den Wunsch nach einer langfristigen Bindung geht, sollte der Stellung des Herrschers eines nicht besetzten 7. Hauses viel Aufmerksamkeit gewidmet werden.

 Herrscher des unbesetzten 7. Hauses im 1. Haus

Dieser Person bereitet es auf eine unbestimmte Weise Probleme, in Verbindung mit der Individualität und den individuellen Bedürfnissen des Partners zu kommen. In ihrem Inneren wartet sie insgeheim auf den «Einen», auf den Menschen, der ihr hundertprozentig entspricht – der womöglich nichts als eine Widerspiegelung der eigenen Persönlichkeit ist. Der Geborene erwartet vielleicht zuviel vom Partner, insbesondere hinsichtlich von Kooperation und Loyalität, ohne aber sein eigenes Bedürfnis nach Unabhängigkeit und Freiheit zurückzustellen. Er fühlt sich von Menschen angezogen, die so denken, aussehen und handeln wie er.

 Herrscher des unbesetzten 7. Hauses im 2. Haus

Dieser Mensch könnte finanziell vom Partner profitieren. Wenn das Horoskop erkennen läßt, daß materielle Erwägungen eine große Rolle spielen, ergibt sich hier vielleicht eine «Geldheirat». Der Partner hat in diesem Fall möglicherweise viele Ideen, wie der Geborene zu Geld und Besitz kommen kann. Der Geborene seinerseits akzeptiert diese Hilfe wahrscheinlich bereitwillig. Zugleich ist zu erwarten, daß er sich hinsichtlich des Partners mehr oder weniger besitzergreifend verhält. – Dieser ist für ihn unter Umständen keine eigenständige Persönlichkeit mit eigenen Rechten, sondern nur ein Besitz wie anderes auch.

Herrscher des unbesetzten 7. Hauses im 3. Haus

Jemand, der große Freude daran hat, mit dem Partner zu reden und unterwegs zu sein. Der Partner sollte in diesem Fall von lebhaftem, gesprächigem und flexiblem Wesen sein, insbesondere hinsichtlich des alltäglichen Verhaltens. Weiterhin wird von ihm erwartet, den Verwandten und Nachbarn, die ein unverzichtbarer Bestandteil des Lebens sind, mit Freundlichkeit und Aufgeschlossenheit zu begegnen. Der Geborene seinerseits wird dem, was der Partner sagt, aufmerksam zuhören und damit sein Wissen erweitern. Gibt er diese Gedankengänge wieder, tut er das aber in eigenen Begriffen.

Herrscher des unbesetzten 7. Hauses im 4. Haus

Das Zuhause ist bei dieser Stellung von grundsätzlicher Bedeutung. Dieser Mensch neigt zu Beziehungen mit jemandem, der ihm Sicherheit bietet sowie eine feste Basis, von der aus er aktiv werden kann. Er genießt es, mit dem Partner im Zuhause zusammenzusein, und tut alles dafür, die Wohnung in einen angenehmen und komfortablen Zustand zu versetzen. Der Partner wird hier als ein Teil des Zuhauses angesehen – kommt es zum Verlust des Heimes, ist auch die Partnerschaft in ernster Gefahr.

Herrscher des unbesetzten 7. Hauses im 5. Haus

Liebe, Kinder und Spaß sind das, was der Mensch mit dem Herrscher des unbesetzten 7. Hauses in Haus 5 in der dauerhaften Beziehung sucht. Wenn der Partner den Bedürfnissen gerecht wird, ist der Geborene glücklich und zufrieden. Oft aber ist es in diesen Fällen so, daß sich der Geborene dann, wenn Kinder dasind, einer großen Verantwortung und vielen Pflichten gegenübersieht. Weiterhin Liebe und Zuneigung zum Ausdruck zu bringen fällt dann schwer. Aus Frustration könnte dieser Mensch sein Glück

Doch mit Saturn doppelt schwer.

Vielleicht, wenn nicht Saturn in 5 stünde

55

daraufhin woanders suchen. Keine gute Stellung für eheliche Treue, mit folgender Ausnahme: fixe Zeichen an der Spitze von 7 sowie in vorherrschender Stellung im Horoskop.

 ### Herrscher des unbesetzten 7. Hauses im 6. Haus

Mit dieser Stellung ist die Beziehung zu einem Arbeitskollegen oder einer Arbeitskollegin nichts Ungewöhnliches. Der Geborene hat seine Freude daran, sich mit seinem Partner über die Themen Gesundheit und Arbeit auseinanderzusetzen. Er erwartet von diesem, daß er sich aufrichtig für seine Arbeit und das Arbeitsumfeld interessiert. Häufig sind Haustiere vorhanden, und möglicherweise haben diese eine direkte Auswirkung auf die Stimmung in der Partnerschaft. Der Geborene könnte gegenüber dem Partner überkritisch sein und große Ansprüche an dessen Hilfsbereitschaft stellen.

 ### Herrscher des unbesetzten 7. Hauses im 8. Haus

Die starken sexuellen und emotionalen Bedürfnisse treiben diesen Menschen dazu, sich einen Partner zu suchen, der entsprechende Eigenschaften aufweist. Wenn in diesem Fall auch das 4. und das 5. Haus unbesetzt sind, könnte der Geborene nur aus sexuellen oder finanziellen Motiven an seinem Partner interessiert sein. Diese Stellung weist darauf hin, daß der Geborene in der einen oder anderen Form vom Partner profitiert. In einem sehr starken Horoskop könnte dies auf eine Person hinweisen, die in der Beziehung die Macht in Händen hält.

 ### Herrscher des unbesetzten 7. Hauses im 9. Haus

Dieser Mensch schätzt das Wissen und die philosophische Ausrichtung seines Partners sehr – auch dann, wenn er selbst andere Ansichten hat. Oftmals weiß der Partner hier sehr viel, was die Bereiche des höheren Wissens und die spirituellen Ziele im Leben betrifft. Mit dieser Stellung genießt man es, zu zweit auf Reisen zu gehen – wobei man aber davon ausgeht, daß sich der Partner für die gleichen Ziele interessiert. Wenn auch das 8. Haus nicht besetzt ist, könnten Emotionalität und körperliche Anziehung so gut wie keine Rolle spielen. Dann würde das Moment der Kameradschaft im Vordergrund stehen.

 ### Herrscher des unbesetzten 7. Hauses im 10. Haus

In diesem Fall könnte der Partner auf ein Podest gestellt und als eine Art Statussymbol angesehen werden. Der Geborene schätzt es, allgemeine Aufmerksamkeit und Bewunderung zu erregen, und er ist der Ansicht, daß es förderlich für ihn sein kann, wenn sich auch der Partner in der Öffentlichkeit zur Schau stellt. In diesem Fall ist es wichtig, stolz auf den anderen sein zu können. Diesbezüglich hat die Person keine Skrupel, sich der Talente und Gaben des Ehemannes/der Ehefrau zu bedienen. Trotz des unbesetzten 7. Hauses könnte hier der starke Wunsch nach einer erfolgreichen und erfüllenden Beziehung gegeben sein, und womöglich wird viel dafür getan, dieses Ziel zu verwirklichen. Wie dem auch sein mag – es besteht die Gefahr, daß der Partner nicht als eigenständige Person anerkannt wird.

 ### Herrscher des unbesetzten 7. Hauses im 11. Haus

Bei einer solchen Stellung ist es von grundsätzlicher Bedeutung, daß der Partner dem Menschen ein Freund ist. Anzusprechen sind dabei die platonischen und spirituell ausgerichteten Beziehungen (insbesondere dann, wenn auch das 8. und/oder das 5. Haus nicht besetzt sind, könnten solche Partnerschaften gegeben sein). Für den Geborenen ist Kommunikation und Geselligkeit von entscheidender Wichtigkeit. Insofern trifft es sich gut, wenn der Partner sich in dessen großen Freundeskreis einzufügen weiß und sich darin wohlfühlt. Dieser Mensch erwartet Unterstützung hinsichtlich der Verpflichtungen, die er in Gruppen eingegangen ist.

 ### Herrscher des unbesetzten 7. Hauses im 12. Haus

Wie in den meisten Fällen, wenn es sich um das 12. Haus handelt, ist es schwer zu erklären, worum es genau geht. Diese Person ist von unbewußten Bedürfnissen und Ängsten geprägt, die sie – ohne das eigentlich zu wollen – dem Partner auflädt. Wir haben es hier auch mit der Neigung zu tun, alles im Verborgenen zu halten und hinter den Kulissen aktiv zu sein. Die Außenwelt gewinnt den Eindruck, daß der Geborene seinen Partner unter Kontrolle halten möchte. Wenn die Beziehung Bestand haben soll, muß der Partner dazu bereit sein, viele seiner Bedürfnisse zurückzustellen. Manchmal bestehen in diesem Fall tiefverwurzelte psychische Probleme, die dafür verantwortlich sind, daß Liebe und Stolz auf den Partner nicht offen zum Ausdruck gebracht werden. Die Quintessenz der Probleme könnte unbewußt auf den Partner projiziert werden, was in diesem womöglich Krankheit, Wut oder aber auch traumatische Erfahrungen hervorruft.

Das 8. Haus und sein Herrscher

Beim 8. Haus handelt es sich um einen abgeschlossenen und sehr stark kontrollierten Lebensbereich, der nach außen hin nicht deutlich wird. Insofern erscheint es zunächst nicht als Mangel, wenn sich in diesem Haus kein Planet befindet. Für gewöhnlich kann man sagen, daß mit einem stark besetzten 8. Haus eine sexuelle Ausrichtung gegeben ist sowie ein geheimniskrämerisches Wesen mit dem Talent, von anderen Liebe, Geld oder Besitztümer zu erhalten. Die emotionalen und physischen Bedürfnisse sind hier sehr stark ausgeprägt, dabei aber schwer zu befriedigen – was sich speziell bei der Sexualität darauf bezieht, daß spirituelle Elemente im Vordergrund stehen, nicht das Spielerische wie bei Haus 5 oder die animalischen Instinkte wie bei Haus 2. Theoretisch hat der Mensch mit einem unbesetzten 8. Haus kaum den Wunsch nach großem Besitz und allumfassender Liebe. Hier ist der Drang, durch die Mittel und Gaben der anderen materiell zu profitieren, nicht so beherrschend. Ohne Planeten in diesem Horoskopbereich kommt es nicht zur scharfsinnigen Intensität und unergründlichen Tiefe, wie sie mit diesem Haus verbunden sind. Wenn weiterhin auch keine Planeten im 5. Haus stehen, das Zeichen Skorpion nicht besetzt ist und Pluto und Mars schwach gestellt sind, dürfte nur sehr wenig physische Anziehungskraft zur Entwicklung kommen.

Wo immer der Herrscher des Zeichens an der Spitze von 8 steht – dies ist der Bereich, in dem die Angelegenheiten dieses Hauses ans Licht kommen (oder noch weiter verdrängt werden, wie bei der Stellung in Haus 4 oder 12).

 ## Herrscher des unbesetzten 8. Hauses im 1. Haus

Die Intensität, Tiefe und die innerlichen Talente, wie sie mit dem 8. Haus verbunden sind, passen schlecht zu dem außengerichteten, offenliegenden Moment von Haus 1. Dieser Mensch fühlt den Drang, sich auf eine kraftvolle, magnetische oder auch sexuell orientierte Weise zu präsentieren, was sein gemäßigtes inneres Temperament Lügen strafen könnte. Die Auswirkungen dieser Stellung sind von zwiefältiger Natur. Dieser Mensch könnte zu einer allseits anerkannten Führungspersönlichkeit werden, speziell für Personen des anderen Geschlechts, dabei aber aufgrund des Mangels an Wärme und Ausgewogenheit gefürchtet sein. Eine solche Plazierung ist nicht einfach. Welche Planeten und Zeichen hier auch beteiligt sein mögen – diese Person bringt in ihrer äußerlichen Erscheinung immer etwas Marshaftes zum Ausdruck.

 ## Herrscher des unbesetzten 8. Hauses im 2. Haus

Der Geborene legt viel Wert auf das Geldverdienen und auf finanzielle Sicherheit. Das 2. und das 8. Haus ergänzen einander. Als Folge davon ergibt sich mit der Stellung des Herrschers von 8 in 2, daß der Mensch im Hinblick auf Geld und Besitz von anderen profitieren kann. Mit dem 8. Haus wird dem, was mit Haus 2 zusammenhängt, Einsicht, Mut und Bestimmtheit zugefügt. Sexuelle und emotionale Faktoren sind in diesem Fall auf das Materielle bezogen. Es besteht hier auch die Gefahr, daß die Spiritualität der Liebe einer rohen oder vulgären Sinnlichkeit geopfert wird.

Herrscher des unbesetzten 8. Hauses im 3. Haus

Diese Stellung ähnelt der des Herrschers von 8 in Haus 1. Allerdings steht hier die Kommunikation im Vordergrund, nicht die Eigenschaft, als kraftvolle Führungspersönlichkeit in Erscheinung zu treten. Alles, was mit dem 8. Haus zu tun hat, kommt hier offen ans Licht. Der betreffende Mensch hat seine Freude daran, auf eine tiefgründige Weise über Sexualität, die Gefühle, Geburt und Tod und über finanzielle Angelegenheiten zu sprechen. Es könnte hier auch ein besonderes Talent dafür bestehen, über diesbezügliche Themen zu schreiben oder Vorträge zu halten. Kurze Reisen und Kontakte zu Verwandten und Nachbarn werden durch Vorfälle veranlaßt, die mit Haus 8 in Verbindung stehen. Ein Beispiel wäre, daß dieser Mensch aufgrund seines Interesses an der Fortpflanzung von einer Verwandten gebeten wird, bei der Geburt ihres Kindes dabeizusein.

 ### Herrscher des unbesetzten 8. Hauses im 4. Haus

Das, was mit dem 8. Haus zusammenhängt, wird in der häuslichen Umgebung unter Verschluß gehalten. Der Geborene kann sich in dieser Hinsicht durch große Entschiedenheit auszeichnen, weiterhin durch ein Interesse an der Sexualität sowie durch eine große Empfindsamkeit und Emotionalität. Es fällt ihm aber sehr schwer, diese Eigenschaften außerhalb der Sicherheit seines Zuhauses erkennen zu geben. Vor anderen Menschen Zärtlichkeiten auszutauschen ist für ihn tabu (das ist höchstens dann anders, wenn das Zeichen Skorpion oder die Planeten Pluto und Mars im Horoskop stark gestellt sind). Diese Person könnte durch andere zu ihrem Heim gekommen sein – anzusprechen ist hier die Möglichkeit, der Erbe des Familienbesitzes zu werden. Außerdem sind mir einige Frauen mit dieser Stellung bekannt, die trotz allgemeinen Drucks darauf bestanden haben, ihr Kind in den eigenen vier Wänden zur Welt zu bringen.

 ### Herrscher des unbesetzten 8. Hauses im 5. Haus

Dieser Mensch steht all dem, was mit Liebe zu tun hat, ernsthaft und dabei leidenschaftlich gegenüber. Er ist bestrebt, das Leben bis ins Detail auszukosten. Diese Stellung wirkt sich – insbesondere bei Frauen – günstig auf die Fortpflanzungsfähigkeit aus, und oftmals ist sie ein Indiz für eine große Familie. Allerdings kommt es damit womöglich zu einer übermäßigen Beschäftigung mit den Themen Geburt und Erziehung. Eine befriedigende Sexualität ist hier sehr wichtig. Findet die Person sie nicht bei dem Partner, wird sie anderweitig nach Erfüllung suchen.

 ## Herrscher des unbesetzten 8. Hauses im 6. Haus

Die tiefen, undurchdringlichen Wasser des 8. Hauses kommen in den allgemeinen und alltäglichen Bereichen von Arbeit und Gesundheit zum Ausdruck. Insofern ergibt sich in diesem Fall, daß sich der Mensch entschlossen und unbeirrbar seiner Arbeit widmet. Es bereitet ihm große Schwierigkeiten, einmal bei der Arbeit innezuhalten oder einmal in gelöster Stimmung mit den Arbeitskollegen zu reden. Tiefenanalyse, die Psychologie allgemein, Gesundheit und Ernährung sind die Themen, die den Geborenen bei der Arbeit reizen und herausfordern könnten. Die Sexualität wirkt sich hier auf die Angelegenheiten, welche mit Haus 6 verbunden sind, aus, was bedeuten könnte, daß es vielleicht zu Affären mit Kollegen oder Kolleginnen kommt. Eine positive berufliche Auswirkung dieser Stellung wäre die Arbeit als Frauenarzt beziehungsweise als Frauenärztin, eine sehr negative das Geldverdienen als Zuhälter einer Prostituierten.

 ## Herrscher des unbesetzten 8. Hauses im 7. Haus

Die Person sucht nach einer tiefen, dauerhaften Beziehung, in der Sexualität eine wichtige Rolle spielt, aber auch Kommunikation und das Gefühl der Einheit in den verschiedensten Lebensbereichen. Gegenüber dem Partner könnte dieser Mensch überaus fordernd und besitzergreifend sein. Die Mittel und Gaben des Partners werden als die eigenen betrachtet. Mit dieser Stellung besteht der intensive Wunsch, sich in allen Facetten des Wesens geliebt zu fühlen. Gleichermaßen wichtig ist es, sich seines Partners sicher sein zu können. Diese Stellung läßt keine Halbheiten zu.

Herrscher des unbesetzten 8. Hauses im 9. Haus

Wie bei den anderen positiven Häusern auch (Haus 1, 3, 5, 7 und 11) kommen hier die Angelegenheiten des 8. Hauses deutlicher zum Ausdruck. Der Geborene hat seine Freude daran, intensive Gespräche über finanzielle und sexuelle Themen zu führen, auf eine sehr analytische Weise. Hinsichtlich der praktischen Anwendung der Erkenntnisse besteht für gewöhnlich eine tolerante Einstellung. Es macht ihm Spaß, das, worüber er redet, auch tatsächlich in die Praxis umzusetzen. Zugleich ist er jemand, dem die Wahrheit über alles geht. Er könnte sich auf emotionale Weise zu fernen Ländern und Kulturen hingezogen fühlen. Durchaus möglich wäre in diesem Fall eine leidenschaftliche und sehr lebendige Beziehung zu einer Person aus einem fremden Kulturkreis.

 ### Herrscher des unbesetzten 8. Hauses im 10. Haus

Wenn der Herrscher von 8 in Haus 10 steht, bedeutet das Selbstvertrauen, Bestimmtheit und eine starke Konzentrationsfähigkeit hinsichtlich des Berufs. Dieser Mensch nimmt sich selbst ernst, und aller Wahrscheinlichkeit nach hat er Erfolg im Leben. Sexuelle und finanzielle Angelegenheiten werden hier auch im Zusammenhang mit der beruflichen Stellung diskutiert, um diese dadurch zu fördern. Im Inneren aber könnten sehr wohl Zweifel bestehen, ob man mit seinen diesbezüglichen Äußerungen auch wirklich recht hat. Psychologisch gesehen könnte ein solcher Mensch in seine Karriere verliebt sein – und diese mit idealistischer Leidenschaft und intensiver Beharrlichkeit vorantreiben. Die Arbeit hängt womöglich mit Themen, wie sie von Haus 8 angezeigt sind, zusammen.

 ### Herrscher des unbesetzten 8. Hauses im 11. Haus

Dieser Mensch liebt den Kontakt, und er stellt emotional hohe Anforderungen an seine Freunde. Mit beiläufigen Bekanntschaften kann er nicht viel anfangen. Diejenigen, denen er sein Vertrauen schenkt, sind für gewöhnlich auch die Leute, von denen er Reaktionen erwartet. Wenn die hier überaus starken physischen

Triebkräfte unter Kontrolle gebracht sind, kann dieser Mensch intensive spirituelle Freundschaften eingehen und dabei alles geben, was er hat. Auf der anderen Seite aber wäre denkbar, daß er sich zu Aktivitäten wie Gruppensex hingezogen fühlt beziehungsweise zu ungewöhnlichen sexuellen oder emotionalen Verhaltensformen. Das 8. Haus läßt auf Scharfsinn in finanziellen Angelegenheiten schließen, so daß wir es hier vielleicht mit einer Person zu tun haben, die mit der Kontoführung oder der Finanzbuchhaltung einer Organisation betraut ist.

 ## Herrscher des unbesetzten 8. Hauses im 12. Haus

Eine so tiefgründige Stellung, daß es fast unmöglich ist, sie in Worte zu kleiden. Wie immer in Haus 12 kann sich der Einfluß auf sehr hoher oder sehr niedriger Manifestationsebene bemerkbar machen. Der emotionale oder sexuelle Ausdruck dieses Menschen könnte durch große Schüchternheit eingeschränkt sein oder auch unter dem starken Wunsch nach Zurückgezogenheit zu leiden haben. Die sexuellen Instinkte bringen womöglich viel Kummer oder traumatische Erfahrungen. Selbst die Verwicklung in kriminelle Aktivitäten wäre hier unter Umständen denkbar. Auf der höchsten Ebene dagegen handelt es sich um jemanden, der seine sexuellen Begierden überwindet und zu einem Mönch oder gar zu einem Heiligen wird. Mit dieser Stellung ist es möglich, daß der Mensch von seiner Umgebung durch Institutionen, Krankenhäuser, Gefängnisse oder durch Wohlfahrtsorganisationen profitiert – in Form von Geld, Besitztümern oder Erbschaften. Wenn aber auch im 2. Haus kein Planet zu finden ist, widmet die Person dem Materiellen ohnehin keine besondere Aufmerksamkeit.

Das 9. Haus und sein Herrscher

Die Bereiche des Lebens, die vom 9. Haus symbolisiert werden, sind von sehr weitreichendem und expansivem Charakter, sowohl auf geistiger als auch auf physischer Ebene. Haben wir es im Horoskop mit einem unbesetzten 9. Haus zu tun, müssen damit insofern keine besonderen Konsequenzen verbunden sein. Wenn das 9. und das 3. Haus nicht besetzt sind, könnte der Mensch gewisse Probleme damit haben, seinen Geist auszuweiten. Vielleicht ist diese Stellung aber auch kennzeichnend für jemandem, der dem Mentalen keine Bedeutung zumißt.

Menschen mit Planeten in 9 sind häufig von einem rastlosen und wißbegierigen Wesen. Personen mit einem leeren 9. Haus geht diese geistige Beweglichkeit dagegen ab (ausgenommen, daß das 3. Haus, das Zeichen Zwillinge oder Schütze oder Merkur stark gestellt ist). Ohne Planeten in 9 ist auch das Reisen nicht von besonderer Bedeutung. Der betreffende Mensch nimmt das, was mit diesem Lebensbereich verbunden ist, ohne große innere Anteilnahme als gegeben hin.

 ### Herrscher des unbesetzten 9. Hauses im 1. Haus

Hier handelt es sich um eine «feurige» und dabei harmonische Stellung, die für die Fähigkeit des *Savoir vivre* steht und die dem Aszendenten Optimismus zufügt. Dieser Mensch zeichnet sich durch eine entspannte Haltung aus; mit dem Herrscher des auf Weite gerichteten 9. Hauses in 1 kann er seine äußerliche Persönlichkeit gut zum Ausdruck bringen. Er genießt es, sich als kenntnisreiche und weitgereiste Person zu präsentieren. Wenn dies in vielen Fällen nicht in Einklang mit der Realität steht, fallen doch viele Mitmenschen auf die lebendigen und schwungvollen märchenhaften Erzählungen des Geborenen herein. Trotz seines gewissermaßen falschen Äußeren genießt dieser allgemeine Popularität.

Herrscher des unbesetzten 9. Hauses im 2. Haus

All das, was mit dem 9. Haus zusammenhängt, wird in diesem Fall von einer praktischen, materialistischen Perspektive aus gesehen. Wenn der Geborene das Gefühl hat, durch Weiterbildung finanziell zu profitieren, wird er auch tatsächlich sein Wissen erweitern. Reisen sowie Arbeitsaufenthalte im Ausland gehen hier vorwiegend auf materielle Beweggründe zurück. Dieser Mensch könnte sich durch sehr weitgespannte und philosophisch anmutende Ansichten bezüglich seiner Werte und Einstellungen auszeichnen. Die materiellen Bedürfnisse oder Erwägungen verliert er dabei aber nicht aus dem Blick.

 Herrscher des unbesetzten 9. Hauses im 3. Haus

Das, was mit Reisen, Lernen, Philosophie und Religion zu tun hat, stellt für diesen Menschen etwas ganz Natürliches dar. Er genießt es, spirituelle Erwägungen und höhere Gedankengänge auf die niedrigere, persönliche Ebene zu überführen, wo er sie besser verstehen kann. Um den Horizont auszuweiten, werden viele Reisen unternommen – in kurzer oder in ausgedehnter Form. Der Geborene hat auch seine Freude daran, Verwandte und Nachbarn an seinem Wissen teilhaben zu lassen. Er verbringt mit diesen viel Zeit, möglicherweise auch auf Reisen.

 Herrscher des unbesetzten 9. Hauses im 4. Haus

Wenn keine anderen Horoskopmerkmale darauf schließen lassen, handelt es sich hier um einen Menschen, der kein Bedürfnis verspürt, weite Reisen zu unternehmen, sondern der eher ein typischer «Stubenhocker» ist. Es könnte so sein, daß diese Person Bücher über exotische Länder liest oder derartige Sendungen im Fernsehen verfolgt – also von ihrem persönlichen Zuhause aus. In diesem Fall wäre möglicherweise auch Lernen mittels Fernkursen, Video-Aufzeichnungen oder Cassetten angezeigt. Oberflächlich gesehen könnte der Eindruck gegeben sein, daß dieser Mensch nicht nach geistiger Anregung sucht. Diejenigen aber, die ihn näher kennen, dürften immer wieder über den Umfang seines im häuslichen Lehnstuhl erworbenen Wissens erstaunt sein.

 ### Herrscher des unbesetzten 9. Hauses im 5. Haus

Eine Plazierung, die für Offenheit und für eine unterhaltsame und allseits beliebte Persönlichkeit steht. An die Belange des 9. Hauses geht dieser Mensch auf individuelle und aufgeschlossene Weise heran. Es könnte hier zur Beziehung zu jemandem kommen, der aus einem anderen Land beziehungsweise einem völlig anderen Kulturkreis stammt oder der sich durch einen ganz anderen familiären Hintergrund auszeichnet. Diese Person fühlt sich stimuliert, wenn sie sich mit Menschen auseinandersetzt, die intelligent sind, geistige oder spirituelle Interessen haben und über ihr Wissensgebiet frei reden können. Sie ist im buchstäblichen Sinne des Wortes ein Abenteurer, und sie schätzt die Gegenwart von Leuten, die bereit dazu sind, aufregende Erfahrungen mit ihr zu teilen.

 ### Herrscher des unbesetzten 9. Hauses im 6. Haus

Was dieser Mensch braucht, sind umfassende kommunikative Ventile im Rahmen seiner beruflichen Umgebung. Das Bedürfnis, auf Reisen zu gehen, ist bei ihm nicht allzu stark entwickelt. Vielmehr schätzt er es, Reiseberichte und Studien von anderen auszuwerten. Es handelt sich hier auch um eine günstige Stellung für Personen, die in der Reisebranche arbeiten, die Kurse veranstalten oder für Wohnheimleiter. Die betreffende Person kann gut mit Menschen anderer Abstammung zusammenarbeiten, und häufig hat sie es bei ihrer Tätigkeit mit Angehörigen der verschiedensten Nationen zu tun. Alles, was sich auf das Reisen, auf das Studieren und auf fremde Länder bezieht, hat in diesem Fall einen günstigen Einfluß auf die Gesundheit und das allgemeine Wohlbefinden.

 ### Herrscher des unbesetzten 9. Hauses im 7. Haus

Reisen und Lernen sind für den Geborenen nur dann angenehm, wenn er in Gesellschaft des Partners ist. Für ihn ist der abenteuerhafte, expansive Geist des 9. Hauses erst dann erfahrbar, wenn er dabei unmittelbare persönliche Unterstützung erfährt. Häufig stammt hier der Partner aus einem fremden Land oder hat einen anderen sozialen Hintergrund. Er könte sich weiterhin durch eine sehr weise, philosophische oder kenntnisreiche Wesensart auszeichnen, womöglich aber auch durch eine tief religiöse Haltung. Bei dieser Plazierung ist es wahrscheinlicher, daß der Partner zu diesem Menschen kommt als umgekehrt.

 ## Herrscher des unbesetzten 9. Hauses im 8. Haus

Dieser Mensch vermittelt nach außen hin nicht den Eindruck, daß er sich mit den Themen beschäftigt, die mit dem 9. Haus zusammenhängen. Seine diesbezüglichen Studien führt er in aller Stille durch. Unter Umständen handelt es sich hier um einen Geheimagenten, einen Detektiv oder auch um einen Spion. Kennzeichnend ist in diesem Fall die Fähigkeit, die Themen des 9. Hauses ganz individuell zu studieren und Religion auf ganz persönliche Art zu praktizieren. Leidenschaftliche Beziehungen zu Personen aus fernen Ländern oder aus anderen Kreisen wären weitere mögliche Auswirkungen. Die Person fühlt sich emotional oder physisch von allen Menschen stimuliert, die anders sind als sie. Es könnten hier auch geschäftliche Beziehungen zu Bewohnern anderer Länder zu verzeichnen sein.

 ## Herrscher des unbesetzten 9. Hauses im 10. Haus

Hier handelt es sich um eine Stellung, die den Menschen fortwährend aus Karrieregründen zum Reisen und zum Wissenserwerb treibt. Vielleicht bestehen hier geschäftliche Verbindungen mit Menschen ferner Länder, Kulturen oder anderer Religion. Wenngleich man diese Person nicht unbedingt gelehrt nennen kann, erweckt sie doch den Eindruck, eine gute Ausbildung zu haben und für jede Aufgabe gerüstet zu sein. Die Stellung bedeutet in gewisser Weise eine ständige Anspannung. Nichtsdestotrotz aber scheint sie für beruflichen Erfolg zu stehen.

Herrscher des unbesetzten 9. Hauses im 11. Haus

Ein aktiver, geselliger und umgänglicher Mensch, dem die Gegenwart anderer lieb und teuer ist. Er fühlt sich hingezogen zu Personen, die sich im Rahmen ihrer Religion oder Philosophie auf die gleiche freie Weise wie er selbst zum Ausdruck bringen können. Es ist davon auszugehen, daß er Mitglied in der einen oder anderen Gruppe ist, die mit Themen des 9. Hauses zu tun hat. Andere Kulturen interessieren ihn sehr – insbesondere aus anthropologischer oder ökologischer Sicht. Diese Person hat viele Freunde und ist allseits beliebt. Das gilt trotz ihrer Neigung, in manchen Fällen zuviel des Guten zu tun oder Vorurteile zum Ausdruck zu bringen.

 ## Herrscher des unbesetzten 9. Hauses im 12. Haus

Hiermit könnten Probleme verbunden sein, das Potential der höheren geistigen Bereiche zu aktivieren. Dabei ist das Vorstellungsvermögen durchaus aktiv – es besteht aber eine Blockade, die psychische oder karmische Ursachen haben könnte. Das Lernen oder Studieren wird entweder in abgeschlossener Atmosphäre betrieben, unter strikter Geheimhaltung, oder aber zugunsten anderer Dinge geopfert. Diesen Menschen fällt die offene Kommunikation schwer (bei einem starken 3. Haus gilt das nur eingeschränkt). Eine solche Person hat große Probleme damit, sich mit Menschen anderer Herkunft auseinanderzusetzen; dabei könnte sie aufgrund des Einflusses von Institutionen, großen Organisationen oder vielleicht auch durch einen Krankenhausaufenthalt viel mit ihnen zu tun haben. Wenn es ihr gelingt, die positiven Seiten dieser Stellung zum Ausdruck zu bringen, kann sie sich durch die Opferung der eigenen Bedürfnisse auf spirituellem oder religiösem Gebiet hervortun.

Das 10. Haus und sein Herrscher

Beim 10. Haus haben wir es mit gewissen Widersprüchen zu tun: Es handelt sich um die Herrschaft des auf bestimmte Weise schüchternen, unsicheren Zeichens Steinbock und des Planeten Saturn, der für Ernsthaftigkeit und Ängste steht, um einen Bereich der Passivität (Negativität). Für Menschen mit Planeten in 10 ist kennzeichnend, Selbstsicherheit und extravertiertes Verhalten zum Ausdruck zu bringen und sich in der Öffentlichkeit zu beweisen. Es ist insofern davon auszugehen, daß dieses äußerliche Selbstvertrauen all die Unsicherheiten verdeckt, die unter der Oberfläche gegeben sind. Ehrgeiz und Anerkennung sind hier die Mittel, mit denen Selbstachtung gewonnen werden kann.

Die Erziehung und der Einfluß der Eltern sind für jeden Menschen mit einem starken 10. Haus wichtige Faktoren. Von ihnen geht eine Prägung des äußerlichen Verhaltens und der Bedürfnisse nach beruflicher Erfüllung aus.

Ein unbesetztes 10. Haus kann auf den ersten Blick den Anschein erwecken, daß es dem Menschen an Ehrgeiz oder an Antriebskraft mangelt oder auch an der Fähigkeit, auf dem angestrebten Feld zu Erfolg zu kommen. Hierbei handelt es sich aber zumeist um einen Trugschluß. Wenn auch der Mensch mit einem unbesetzten 10. Haus nicht unbedingt danach strebt, schwindelerregende Höhen zu erreichen, kann er doch – unter der Voraussetzung einer durchschnittlichen Begabung – Anerkennung und Erfolg ernten. Wie bei allen Häusern, in denen kein Planet zu finden ist, handelt es sich um den karmisch bedingten Sachverhalt, daß es der Mensch auf dem betreffenden Lebensgebiet in dieser Existenz nicht nötig hat, hart zu kämpfen. Menschen ohne Planeten in 10 neigen dazu, das, was mit diesem Haus verbunden ist, einfach zu akzeptieren. An die Spitze streben sie in den meisten Fällen nicht. Die Person mit Planeten im 10. Haus dagegen ist bestrebt, höher und höher zu klettern – bis sie es möglicherweise zu weit treibt, über das Ziel hinausschießt und dann tief fällt. Unverzagt aber wird sie wieder aufstehen und sich aufs neue auf den Weg machen. Diese Aufstiege und Abstürze sind für Menschen ohne Planeten in 10 nicht typisch – hier kommt es im Durchschnitt zu keinen spektakulären Erfolgen und insofern auch zu keinen aufsehenerregenden Stürzen.

Ich habe die Feststellung gemacht, daß Aufstieg und Fall insbesondere dann von herausragender und schicksalhaft anmutender Art ist, wenn sich einer der drei äußeren Planeten (Uranus, Neptun, Pluto) in Haus 10 befindet, insbesondere bei der Stellung dicht am MC. (Wenn man das Äquale Häusersystem benutzt – welches ich bevorzuge –, kann sich die Konjunktion zum MC aus Haus 8, 9, 10 oder 11 ergeben.) Extreme Aufstiege können von traumatischen, tragischen oder zumindest völlig überraschenden Abstürzen gefolgt sein. Es ist also gar nicht so positiv, wie man zunächst denken könnte, Planeten im 10. Haus zu haben. Derjenige, bei dem dieses Haus unbesetzt ist, könnte sich durch ein gefestigteres und insofern angenehmeres Leben auszeichnen.

Ein leeres 10. Haus weist auch auf die Unabhängigkeit von einem Elternteil hin (für gewöhnlich handelt es sich dabei um die Mutter). Wer Planeten in 10 hat, neigt meist dazu, der Mutter gefallen zu wollen oder mit der Mutter zu wetteifern – mit dem unbesetzten 10. Haus dagegen haben wir es wahrscheinlich mit jemandem zu tun, der seiner Mutter nicht nacheifert und der sich von ihren Bedürfnissen, Zielen und Wünschen nicht beeinflussen läßt. Manchmal könnte ein derartiger Mangel auch anzeigen, daß der Mensch gegenüber dem betreffenden Elternteil keine Gefühle empfindet und sich nicht um ihn kümmert.

Bei der Analyse dieses Hauses in Hinblick auf die Karriere muß man immer in Betracht ziehen, wie es um die Planetenbesetzung von Haus 6 und Haus 2 steht. Sind bei einem unbesetzten 10. Haus hier Planeten zu finden, könnte das den Menschen trotz der oben genannten Feststellungen zu höheren Zielen treiben. Die Charakteristiken von Planeten im 10. Haus treten in der Persönlichkeit des Menschen sofort hervor. Wer keine Planeten in diesem Haus hat, ist für gewöhnlich schwieriger zu analysieren. Insbesondere gilt dies für die beruflichen Belange.

Herrscher des unbesetzten 10. Hauses im 1. Haus

Dieser Mensch erweckt den Anschein von Autorität, Macht und Persönlichkeit. Er könnte den Eindruck vermitteln, außerordentlich ehrgeizig, bestimmt oder sogar gnadenlos zu sein. In Wirklichkeit aber mangelt es ihm an Durchsetzungsvermögen; wenn es darum geht, Leistungen zu erbringen, baut er vielmehr auf die Wirkung seiner magnetischen Anziehungskraft. Der Geborene könnte eine Position der Macht oder Popularität erreichen, die er eigentlich gar nicht anstrebt und die er für sich nicht braucht. Wie dem auch sein mag – er tendiert dazu, sich als Persönlichkeit darzustellen, der die Karriere sehr wichtig ist. Andere könnten deshalb den Eindruck haben, daß er eigentlich nur mit sich selbst beschäftigt ist.

 Herrscher des unbesetzten 10. Hauses im 2. Haus

Die berufliche Karriere ist hier sehr stark auf das Materielle und Finanzielle ausgerichtet. Diese Person ist ehrgeizig – um nicht zu sagen gierig –, was das Geld betrifft. Sie glaubt, dann Anerkennung zu erhalten, wenn sie sich als wohlhabend darstellen kann. Im Hinblick auf den Beruf zeigt sich der Geborene unter Umständen eher unflexibel – womöglich sieht er hier den Wald vor lauter Bäumen nicht. Das könnte insbesondere dann der Fall sein, wenn er auf finanziellem Gebiet nach Erfolgen strebt. Was Geld und materielle Dinge betrifft, ist er ohne weiteres zu harter Arbeit bereit. Für ihn steht dabei sein Status und seine Macht im Vordergrund – nicht der innerliche Antrieb oder innerliche Charaktermerkmale, wie sie dem Menschen mit Planeten in Haus 10 Ansporn sind.

 Herrscher des unbesetzten 10. Hauses im 3. Haus

Der Geborene genießt die Kommunikation und das Unterwegssein als Bestandteil seines Berufslebens. Hierbei handelt es sich um eine ideale Stellung für Tätigkeiten wie das Lehren, Verkaufen, das Vortragen oder das Schreiben. Eine solche Person hat in diesen Bereichen nicht unbedingt hochfliegende Pläne. Es könnte vielmehr so sein, daß sie hier zu Erfolgen kommt, weil andere auf sie Druck ausüben. Der Geborene nimmt an der Karriere seiner Verwandten Anteil und fördert sie nach Kräften. Womöglich ergibt sich hier – in welcher Form auch immer – eine Kooperation.

 ### Herrscher des unbesetzten 10. Hauses im 4. Haus

Diese Stellung bedeutet die Reduzierung von extravertierten Eigenschaften. Die Karriere kommt im Rahmen des Zuhauses zum Ausdruck; sie entzieht sich dem Blick der anderen. Diese Person erfreut sich in erster Linie an häuslichen Tätigkeiten; sie fühlt sich entspannt, wenn sie in ihrem Heim arbeiten kann. Angemessene berufliche Aktivitäten wären Hausarbeiten, ein eigenes kleines Geschäft, das Ausliefern von Speisen oder Getränken, die Arbeit in einem Hotel oder die Tätigkeit als Immobilienmakler. Die Plazierung des Herrschers von 10 in 4 ist oftmals ein Hinweis, daß ein Elternteil – für gewöhnlich die Mutter – auch die Vaterrolle in der Erziehung ausgefüllt hat. Insofern hätte sie einen großen Einfluß auf diesen Menschen. Vielleicht kann sie ihn auch in seiner Karriere unterstützen.

 ### Herrscher des unbesetzten 10. Hauses im 5. Haus

Dieser Mensch schreibt seinen kreativen Unternehmungen eine größere Bedeutung als seiner Karriere zu. Er könnte den Versuch unternehmen, beide miteinander zu verbinden. Zumindest aber dürfte er bestrebt sein, bei der beruflichen Tätigkeit auch seine Kreativität einfließen zu lassen. Liebe und Kinder sind ihm sehr wichtig, allerdings könnte er ehrgeizige Ziele mit ihnen verbinden oder sich in dieser Hinsicht wie besessen zeigen. Der Geborene könnte für den Partner oder seine Kinder ehrgeiziger sein als für sich selbst. Eine gute Stellung für sportliche Erfolge, für Freizeitbeschäftigungen, Unterhaltung und eine Tätigkeit als Tagesmutter.

 ### Herrscher des unbesetzten 10. Hauses im 6. Haus

Die Art der Arbeit und die Erfüllung, die die Arbeit als solche bietet, sind dieser Person wichtiger als berufliche Karriereaussichten. Sie kann aus allem, was sie beruflich tut, Zufriedenheit gewinnen, wie allgemein die Tätigkeiten auch sein mögen. Wenn keine Planeten in Haus 2 stehen – was wenige finanzielle Bedürfnisse bedeuten würde –, könnte sich dieser Mensch mit einer geringen Entlohnung zufriedengeben und sich vielleicht als eine Art «Workaholic» erweisen. Mit dieser Stellung nimmt man die Gesundheit sehr ernst; vielleicht läßt man sich auch in seinem täglichen Tun von gesundheitlichen Erwägungen leiten. In negativer Auswirkung könnten wir es hier mit einem Hypochonder zu tun haben. Eine positive Auswirkung wäre die berufliche Laufbahn auf medizinischem, pflegerischem oder karitativem Feld.

 ## Herrscher des unbesetzten 10. Hauses im 7. Haus

Der Partner wird hier gewissermaßen auf ein Podest gestellt und als eine Art Errungenschaft betrachtet. Der Mensch mit dieser Stellung schöpft viel Befriedigung daraus, Anteil am Erfolg des Partners zu haben – ob sich dies nun auf den erreichten Status oder auf die berufliche Stellung als solche bezieht. Alle beruflichen Energien stehen hier mit dem Partner in Verbindung. Der Geborene macht vielleicht den Eindruck, eine selbstlose Seele zu sein. Er befindet sich aber in der Gefahr, sich bei seinen Leistungen nur auf den Partner zu orientieren, und aus dem Blick zu verlieren, wie es um die eigenen innersten Bedürfnisse und Fähigkeiten bestellt ist.

 ## Herrscher des unbesetzten 10. Hauses im 8. Haus

Ähnlich, wie es bei der Stellung des Herrschers von 10 in 4 war (sowie dann, wenn dieser in 12 steht), werden die Eigenschaften, wie sie mit dem 10. Haus einhergehen, in den Hintergrund gedrängt. Damit werden sie auch im Grunde unzugänglich. Das 8. Haus ist das stärkste der drei Wasserhäuser, und man sollte niemanden, der diese Plazierung im Horoskop hat, unterschätzen. Der Geborene könnte einen ruhigen und gleichmütigen Eindruck machen, unter der Oberfläche aber ist überraschend viel Ehrgeiz, Bestimmtheit und Ausdauer vorhanden. Die beruflichen Ziele werden im Verborgenen unter Kontrolle gehalten, bis der Moment gekommen ist, nach vorne zu treten. Alle Berufe, die nach harter und «tiefschürfender» Arbeit verlangen (zum Beispiel Tätig-

keiten in der Psychiatrie, Detektiv-Arbeit, Bergbau und Tauchen),
passen zu diesem Menschen.

Herrscher des unbesetzten 10. Hauses im 9. Haus

Dieser Mensch entscheidet sich für eine berufliche Laufbahn, die
mit Kommunikation, mit Religion, Sprachen, fremden Kulturen,
dem Bereich der höheren Bildung, dem Vortragen oder Reisen zu
tun hat. Auf diese Weise fühlt er sich eins mit sich selbst. Die Person
ist nicht sehr ehrgeizig, allemal aber dazu in der Lage, im Leben
große Fortschritte zu machen. Das liegt an ihrem expansiven,
menschenliebenden und dabei sehr scharfen Geist. Der Geborene
könnte schon als Kind von der Mutter getrennt worden sein
(womöglich auch von beiden Elternteilen), und vielleicht lebt er
in einem fremden Land. Wie dem auch sein mag – eines seiner
wichtigsten Ziele ist, die Verbindung zur Mutter wiederherzustellen.
Dies könnte dann der Fall sein, wenn die Mutter ihre Heimat
verläßt, um zu ihm zu ziehen.

Herrscher des unbesetzten 10. Hauses im 11. Haus

Freunde und Gruppenaktivitäten sind dem Menschen hier deutlich
wichtiger als die Karriere. Irgendwie gelingt es ihm aber, beide Facetten
des Lebens miteinander zu verbinden. Kennzeichnend ist
hier ein Ehrgeiz, der sich auf die Freunde richtet – dieser Mensch
tut alles, um sie zu fördern. Aller Wahrscheinlichkeit nach bekleidet
er, was Gruppenzusammenhänge angeht, eine wichtige Position.
Er nimmt hier seine Pflichten sehr ernst, und womöglich widmet er
ihnen mehr Zeit als seiner eigentlichen Arbeit. Es handelt sich bei
dieser Person vielleicht um jemanden, der ein Vertrauensamt bekleidet
(zum Beispiel als Betriebsrat oder als Organisator eines Jugendclubs)
oder der in seinem Beruf mit großen Organisationen
und dem Arbeiten für humanitäre Zwecke zu tun hat.

Herrscher des unbesetzten 10. Hauses im 12. Haus

Die beruflichen Ziele befinden sich hier im Verborgenen, sie liegen
nicht klar zutage. Der Mensch könnte es ungemein schwierig

finden, sich für einen Beruf zu entscheiden, auch hinsichtlich der Konsequenzen, die damit verbunden sind. Eine tiefverwurzelte Unsicherheit und Probleme beim Selbstausdruck sind kennzeichnend für ihn. Manchmal ist die Person sich selbst der ärgste Feind, dann zum Beispiel, wenn sie sich ihrer Vorstellungskraft überläßt und sich in der Phantasie den schönsten Träumen von Ruhm und allgemeiner Beliebtheit hingibt – und damit schon ihre Energie erschöpft hat. Wenn das 6. und/oder das 2. Haus im Horoskop betont sind, muß sich diese Stellung nicht auf eine derart problematische Weise äußern, dann sind doch Leistungen in irgendeiner Form möglich. Sind das 2. und das 6. Haus aber unbesetzt, wird der betreffende Mensch wahrscheinlich nicht viel zustandebringen. Diese Person ist glücklicher bei einer Beschäftigung, bei welcher sie hinter den Kulissen agieren kann. Die Tätigkeiten in Krankenhäusern, Institutionen oder für karitative Gruppen ist für solche rätselhaften Wesen besonders passend.

Das 11. Haus und sein Herrscher

Wenn das 11. Haus im Horoskop unbesetzt ist, weist das auf einen willensstarken und fähigen Menschen hin, der ohne die Unterstützung von Freunden und Gruppen auskommt. Finden sich auch in Haus 3 und/oder in Haus 7 keine Planeten, haben wir es womöglich mit einem extremen Einzelgänger zu tun, mit jemandem, der überhaupt keinen Sinn im Kommunizieren mit anderen sieht.

Es gibt allerdings sehr verschiedene Ebenen von Freundschaft. Diese Tatsache macht es manchmal schwierig, entsprechende menschlichen Bedürfnisse zu kategorisieren. Die engsten Kontakte mit der größten Nähe gehen mit dem 7. Haus einher. Kinder neigen mehr als Erwachsene dazu, 7.-Haus-Freundschaften einzugehen – ihr Zustand der «Unreife» erlaubt es ihnen, die Nähe der Freundschaft zu akzeptieren, ohne daß sie Situationen erleben, die für Erwachsene physisch oder emotional heikel sind. Nichtsdestotrotz gibt es Erwachsene, die sehr enge 7.-Haus-Freundschaften führen, welche rein platonisch sind und nicht auf körperlicher Intimität beruhen. Dies sind für gewöhnlich Menschen, die mindestens einen persönlichen Planeten in 7 haben.

Auch das 3. Haus ist von Bedeutung, wenn es um die Kategorisierung von Freundschaften geht, allerdings in einem weniger starken Ausmaß. Bekanntschaften, Nachbarn und Leute, zu denen wir in einem eher lockeren Kontakt stehen, haben mit diesem kommunikativen Haus zu tun. Freundschaften gemäß dem 3. Haus spiegeln das Bedürfnis nach Austausch in jeglicher Hinsicht wider, sie bedeuten aber nicht Wärme, Nähe oder Abhängigkeit.

11.-Haus-Freundschaften stehen in der Mitte zwischen Verbindungen gemäß des 3. und des 7. Hauses. Kennzeichnend für sie ist ein Element von Vertrauen, Anteilnahme und Unterstützung – allerdings nicht in der überabhängigen Art und Weise, wie sie der Mensch mit einem stark besetzten 7. Haus zeigt.

Die meisten Personen mit einem unbesetzten 11. Haus haben mindestens einen Planeten im 3. oder im 7. Haus. Insofern ist nur selten von einem vollständigen Mangel an Freundschaften auszugehen. Charakteristisch für Menschen mit einem leeren 11. Haus ist jedenfalls, daß sie nicht auf Gruppen ausgerichtet sind. Ihre Freunde wählen sie entweder aus dem Bedürfnis nach Unterstützung und Nähe heraus (7. Haus), oder der Wunsch nach Kontakt und Kommunikation ist das entscheidende Moment (3. Haus). Es kommt darauf an, welches Haus im Horoskop stärker gestellt ist.

 Herrscher des unbesetzten 11. Hauses im 1. Haus

Ein Mensch, der sich seiner selbst in bezug auf Geld sehr bewußt ist und der Wert darauf legt, als Persönlichkeit mit einem großen Freundeskreis gesehen zu werden. Die Unterstützung und der Beistand der verschiedenen Freunde ermöglicht es hier, sich leichter zum Ausdruck zu bringen. Für gewöhnlich handelt es sich um jemanden, der allseits beliebt ist, trotz der Tendenz, die Freunde zu persönlichen Zwecken «einzusetzen». Der Geborene will zwar nicht unbedingt im hellen Rampenlicht stehen, hat aber auch nichts dagegen, wenn sich Gruppenaktivitäten um ihn drehen. Trifft das nicht zu, verliert er schnell das Interesse.

Herrscher des unbesetzten 11. Hauses im 2. Haus

Eine Person, die viel Hilfe und Unterstützung von den Freunden erfährt, insbesondere was materielle Angelegenheiten angeht. Vielleicht sind es hier die Freunde, die Ideen entwickeln, wie finanzielle Erfolge erreicht werden könnten oder wie dem Geborenen auf praktischer Ebene geholfen werden kann. Dieser könnte sich seinerseits, was die Freunde sowie die Aktivitäten seiner Gruppe angeht, von besitzergreifender Art zeigen. Allerdings verschreibt sich eine solche Person für gewöhnlich nur dann einer Gruppe, wenn sie davon materiell profitieren kann. Auf den Außenstehenden könnte die Art, wie dieser Mensch auf die uneingeschränkte Loyalität seiner Freunde reagiert, recht selbstbezogen wirken. Wie immer aber hat alles seine zwei Seiten: Das Nehmen dieser Person erlaubt es ihren Freunden, das Vergnügen des Gebens zu erfahren.

Herrscher des unbesetzten 11. Hauses im 3. Haus

Jemand, der viele Freunde hat, speziell unter den Verwandten und Nachbarn. Charakteristisch ist hier eine Kommunikation auf ganz offene Art. Man sucht die Gegenwart dieses Menschen, weil er witzig und intelligent ist – und er hat seinerseits Spaß daran, den Freundeskreis zu unterhalten. Die Freunde betrachtet er dabei manchmal als Untergebene. Wirklich enge Freundschaften bedeuten ihm nicht allzuviel, auch behagt es ihm nicht, bei zufälligen Gruppenaktivitäten im Hintergrund zu stehen. Er möchte reden und sich austauschen, auf eine lebendige Art und von einem Platz in der ersten Reihe aus. Er behandelt alle Freunde gleich und hat seinen Spaß daran, sie auf kurzen Reisen zu begleiten.

Herrscher des unbesetzten 11. Hauses im 4. Haus

Eine Stellung, die für Ruhe, Vorsicht oder für Zögern spricht. Hiermit ist das Bedürfnis nach Sicherheit sowie ein gewisses Ausmaß an Introversion angezeigt. Jemand, der nur wenig enge Freunde hat. Diesem Menschen fällt es nicht leicht, sich in Gegenwart von Freunden zum Ausdruck zu bringen (wenn nicht ein starkes 3. Haus vorhanden ist) – er genießt es aber, diese bei sich zu Hause zu bewirten. Wenn er erst einmal Vertrauen gefaßt hat, ist er seinen Bekannten ein guter Gastgeber. Was Gruppenzusammenhänge betrifft, besteht hier eine gewisse Zurückhaltung. Irgendwann im Leben aber könnte die Bereitschaft gegeben sein, Gruppenaktivitäten im eigenen Zuhause stattfinden zu lassen.

 Herrscher des unbesetzten 11. Hauses im 5. Haus

Diese Menschen lieben Spaß und Geselligkeit, haben aber zumeist eine Abneigung gegenüber Gruppenaktivitäten. Sie ziehen ihre eigene Unterhaltung der strukturierteren, organisierteren Aktivität vor, wie sie mit Haus 11 verbunden ist. Es handelt sich bei ihnen um geborene Führungspersönlichkeiten, die sich nicht der Herrschaft anderer unterwerfen mögen – was angesichts ihres freundlichen, umgänglich scheinenden Äußeren überraschen mag. Aus rein freundschaftlichen Beziehungen entstehen hier häufiger Liebesaffären. Freunde können auf die Kinder und/oder auf kreative Unternehmungen einen hilfreichen Einfluß haben.

 Herrscher des unbesetzten 11. Hauses im 6. Haus

Die Freunde und die Beziehungen zu Gruppen könnten in diesem Fall einen wichtigen Einfluß auf das Arbeitsumfeld haben. Es könnte sich hier um eine Person handeln, die nicht von Natur aus gesellig oder auf Gruppen fixiert ist, die aber die Unterstützung und Auseinandersetzung mit Vertrauten im Rahmen der Arbeit braucht. So sehr sie ihre Arbeit auch schätzen mag – ohne die Gegenwart von anderen fühlt sie sich entmutigt und zurückgewiesen. Die Freunde geben häufig gute Ratschläge bezüglich der Gesundheit oder der Haustiere. Vielleicht helfen sie auch dabei, daß der Geborene nach einer schweren Erkrankung wieder auf die Beine kommt.

Herrscher des unbesetzten 11. Hauses im 7. Haus

Für diesen Menschen fallen alle Freunde unter eine Kategorie: die des 7. Hauses. Wir sehen hier eine warmherzige, kommunikative Person vor uns, die viele enge Vertraute braucht, um sich erfüllt zu fühlen. Sie fühlt sich dabei zu «Eins-zu-Eins»-Beziehungen hingezogen – sie fühlt sich in Gruppen unsicher, weil sie darin nicht gleichzeitig auf alle Freunde eingehen kann. Die Ehe oder die langfristige Zweierbeziehung könnte aus einer freundschaftlichen Bindung hervorgegangen sein. Dem Menschen ist sehr wichtig, daß der Partner auch nach der Eheschließung zuallererst ein Freund bleibt. Weiterhin ist noch zu sagen, daß wahrscheinlich mehrere enge Beziehungen angestrebt werden.

 Herrscher des unbesetzten 11. Hauses im 8. Haus

Den Freundschaften wohnt hier ein Moment der Intensität und Ernsthaftigkeit inne. Dem Geborenen fällt es schwer, sich mit anderen auf freundliche, offenherzige Art zu verbinden. Er hat seine Bedürfnisse unter Kontrolle und untersucht sorgfältig, welches Potential ein Mensch oder eine Gruppe für sein Leben haben könnte. Oftmals hält er Freundschaften geheim. Beruht die Beziehung aber auf einem festen Fundament, haben wir es mit einem loyalen Menschen zu tun, der auf seine wenigen Auserwählten als Autorität wirkt und dabei eine magnetische Ausstrahlung erkennen läßt. In materieller Hinsicht profitiert er wahrscheinlich von seinen Gefährten. In diesem Falle können aus freundschaftlichen Kontakten sehr emotionale oder sogar leidenschaftliche Beziehungen hervorgehen.

 Herrscher des unbesetzten 11. Hauses im 9. Haus

Ein geselliger, außengerichteter Mensch, der Freundschaften und Gruppenaktivitäten deshalb schätzt, weil sie ihm geistige Unterstützung bieten. Jemand, der nicht nach engen intimen Beziehungen sucht, sondern die Gesellschaft von Geistesverwandten braucht. Es könnte sich dabei um eine Person handeln, die eine Gruppe begründet, welche sich seinen persönlichen Interessen widmet. Auf Reisen kommt es schnell zu Bekanntschaften. Wir könnten es hier mit einem begabten Laienprediger zu tun haben oder auch mit einem Universitätsprofessoren. Ein solcher Mensch könnte wie ein Magnet oder grandios oder exzentrisch wirken – auf vollständige Abneigung stößt er so gut wie nie.

Herrscher des unbesetzten 11. Hauses im 10. Haus

Eine Stellung, die auf die «Benutzung» von Freunden oder Gruppen für die eigenen persönlichen Ziele hindeuten könnte. Wie aber zumeist für diese «empfänglichen» Plazierungen typisch, handelt es sich hier um Freunde, die mehr als eifrig bemüht sind zu helfen. Abgesehen von seinen Vertrauten aus dem Arbeitsumfeld, hat dieser Mensch nur sehr wenige enge Freunde. Er ist sehr wählerisch hinsichtlich der Personen, die in Kontakt zu ihm kommen. Allerdings strebt er durchaus danach, durch Freunde oder exklusive Gruppenaktivitäten seinen Status zu verbessern. In diesem Zusammenhang ist ein Verhalten denkbar, das in gewisser Weise kriecherisch und unterwürfig ist.

Herrscher des unbesetzten 11. Hauses im 12. Haus

Ein Mensch, der nicht schnell Freundschaft schließt. Es handelt sich hier häufig um Personen, die in Gegenwart unbekannter Menschen schüchtern und unsicher sind. Womöglich erfinden sie sich Freunde, um damit den gesellschaftlichen Anforderungen zu entsprechen. Dieser Mensch ist ein Einzelgänger, jemand, der glücklich ist, in seiner eigenen innerlichen Welt zu leben (wenn nicht der Rest des Horoskops durch positive Häuserplazierungen – speziell Haus 3 oder 7 – beherrscht ist). Zu Freundschaften und Gruppenaktivitäten könnte es hier in Verbindung mit Krankenhäusern, Institutionen und Gefängnissen kommen oder durch karitative Arbeit. Dieser Mensch besitzt in seinem Unbewußten tiefverwurzelte Ideale im Hinblick auf Freundschaften, ist aber kaum imstande, sie frei zum Ausdruck zu bringen.

Das 12. Haus und sein Herrscher

Planeten in Haus 12 (und insbesondere die fünf persönlichen Planeten) sind nur schwer auf eine positive Weise zum Ausdruck zu bringen. Wenn zu ihnen noch schwierige Aspekte bestehen, könnte dies der Anlaß für ernsthafte Probleme sein. Daraus ergibt sich für mich die Schlußfolgerung, daß es fast immer von Vorteil ist, wenn sich hier kein Planet befindet. Die Ausnahme stellen die drei äußeren Planeten dar, die bei positiver Aspektierung recht gut zu diesem tiefen, karmisch orientierten Gebiet passen. Trotz meiner umfassenden Erfahrung als Astrologin ist es mir bis heute nicht gelungen, das Gefühl der Beklemmung zu überwinden, wenn ich ein Geburtshoroskop mit einer starken 12.-Haus-Besetzung errechne, und noch immer empfinde ich Erleichterung, wenn ich sehe, daß bei einem neuen Klienten dieses Haus nicht besetzt ist. Allerdings haben viele Menschen mit einem stark besetzten 12. Haus die entsprechenden Probleme überwunden, und einige von ihnen fühlen sehr positive, erfüllte Leben. Sehr viel häufiger aber ist, daß der Mensch mit Planeten im 12. Haus vom Weg abkommt, daß er körperlich oder geistig krank wird oder daß er bei seiner undankbaren Suche nach Selbstausdruck den Boden unter den Füßen verliert. Personen mit einem unbesetzten 12. Haus können, wie schwierig der Rest des Horoskops auch sein mag, sich glücklich schätzen, daß sie niemals die traumatischen inneren Kämpfe ausfechten mußten wie der Mensch mit Planeten in 12. Ein Mangel an Planeten in diesem Haus steht für ein gewisses Maß an Ausgewogenheit – selbst dann, wenn es sich um ein Horoskop handelt, das ansonsten ziemlich unausgewogen ist.

Wie auch immer – jeder Mensch hat ein Zeichen an der Spitze von 12 und einen Planeten, der über dieses Zeichen herrscht. Jeder von uns hat insofern einen Lebensbereich, wo der Ausdruck des 12. Hauses zum Tragen kommt. Wenngleich sich der Herrscher von 12 für gewöhnlich in einem der negativen Häuser (2., 4., 6., 8. und 10. Haus) wohler fühlt als in einem positiven, hat er doch bei der Stellung in letzteren mehr Ausdrucksmöglichkeiten.

Damit würden dann die Tendenzen der Absonderung und Beschränkung nicht so deutlich in Erscheinung treten.

Das 12. Haus steht auch für Trauer und für Opfer. Das Haus, in dem der Herrscher von 12 zu stehen kommt, bringt uns für gewöhnlich mit entsprechenden Themen in Kontakt. Häufig ergibt sich aber auch, daß sich der Mensch bezüglich der betreffenden Lebensbereiche mißverstanden oder einfach nur unfähig fühlt, seine besseren Eigenschaften zum Ausdruck zu bringen.

 ## Herrscher des unbesetzten 12. Hauses im 1. Haus

Eine der «besseren» Plazierungen für den Herrscher von 12 (insbesondere dann, wenn es sich um einen persönlichen Planeten handelt). Diesem Menschen wird es kaum vergönnt sein, ein mürrisches, zurückgezogenes oder geheimniskrämerisches Leben zu führen: Das, was bei ihm mit dem 12. Haus verbunden ist, liegt deutlich sichtbar für alle zutage. Vielleicht bemüht sich die Person, den Eindruck eines «verschlossenes Buches» zu machen, mit vielem, was dabei zu enthüllen wäre – in Wirklichkeit aber ist nichts hinter dem Einband zu finden. Dem Geborenen gelingt es dann auch kaum, jemanden hinters Licht zu führen. In diesem Fall haben wir es häufig mit einem ruhig scheinenden Charakter zu tun. Der Person gelingt es, sich der Probleme in Verbindung mit dem 12. Haus relativ einfach zu entledigen. Das gilt auch für die Zeit, zu denen sie sich mißverstanden oder verleumdet fühlt.

 ## Herrscher des unbesetzten 12. Hauses im 2. Haus

Der Geborene könnte sich verborgener – oder sogar illegaler – Mittel bedienen, um an Geld zu kommen. Krankenhäuser, Institutionen, Gefängnisse oder Wohltätigkeitsorganisationen könnten hier eine Einkommensquelle darstellen. Eine gute Stellung, um durch die Arbeit an Kranken oder Bedürftigen den Lebensunterhalt zu bestreiten. Allerdings sollte der Geborene iauch darauf achten, daß er es ist, der empfängt – nicht derjenige, der gibt. Es könnte womöglich auch im Fall finanzieller Sicherheit den Anschein haben, daß er der wohltätigen Unterstützung anderer bedarf. Bezüglich des Umgangs mit Finanzen und Besitztümern könnte sich diese Person aber auch durch ein selbstzerstörerisches Verhalten auszeichnen. Selbstverschuldete Verluste sind hier ebenfalls anzusprechen.

 Herrscher des unbesetzten 12. Hauses im 3. Haus

Auch dies ist eine Plazierung, die eine offenere Darstellung der Merkmale, wie sie mit dem 12. Haus verbunden sind, bedeutet. Allerdings wird es dem Menschen nicht leichtfallen, sich zum Ausdruck zu bringen, ohne zumindest zeitweise Züge von Depression oder Trauer oder selbstzerstörerische Neigungen zu zeigen. Wie dem auch sein mag – diese Person glaubt an die Macht des Geistes, und sie genießt es, über Themen zu sprechen, die mit dem 12. Haus zusammenhängen. Wenn nicht noch weitere Planeten in 3 stehen, die den Effekt mildern, könnte es sein, daß der Geborene seine Umgebung immer wieder mit eigenartigen Anschauungen vor den Kopf stößt, ohne daß das eigentlich seine Absicht wäre. Häufig ergeben sich hier die Verwicklung in alltägliche Geschehnisse und kurze Reisen in Verbindung mit 12.-Haus-Aktivitäten der Verwandten. Ein Beispiel dafür wäre, daß der Geborene täglich eine kranke Verwandte oder einen kranken Nachbarn im Hospital besuchen fährt.

 Herrscher des unbesetzten 12. Hauses im 4. Haus

Das hintergründige Element des 12. Hauses paßt sehr gut zu Haus 4. Als Ergebnis folgt daraus, daß es sich um einen sehr zurückgezogen lebenden Menschen handeln könnte, der in der Abgeschiedenheit seines Heimes eine behütete Existenz führt – wenn nicht durch andere Planeten andere Schlußfolgerungen angezeigt sind. Der Herrscher von 12 erlaubt es dem Menschen aber für gewöhnlich nicht, ein behagliches und angenehmes Leben zu führen, und so könnte es für die Person notwendig sein, einige Opfer zu bringen, bevor sie sich des Privilegs eines gesicherten Heimes erfreuen kann. Kinder in Heimen wachsen häufig mit dieser Stellung auf. Es könnte auch so sein, daß der Vater eine mögliche

Quelle der Angst oder Sorge darstellt – vielleicht braucht er ständige Pflege, vielleicht fordert er, ohne sich dessen bewußt zu sein, viele Opfer vom Kind. In Verbindung mit dem Zuhause könnte es zu leidvollen Erfahrungen kommen. Nur wenige Vertraute werden dabei um die Probleme wissen.

Herrscher des unbesetzten 12. Hauses im 5. Haus

Wenngleich die Energien des 12. Hauses hier ans Licht gelangen, ist die Verbindung des auf Vergnügungen und Wettbewerb gerichteten 5. Hauses mit den Beschränkungen des 12. keine glückliche. Dieser Mensch fühlt sich verpflichtet, sein tieferes, innerliches Selbst an die Oberfläche zu bringen. Er ist dabei aber sehr unzufrieden mit den Hemmnissen, die sich daraus hinsichtlich der Belange des 5. Hauses ergeben. Möglicherweise liebt diese Person ihre Kinder und hat viel Spaß an Sport, Kreativität und/oder Wettkämpfen – wenn aber nicht noch andere Planeten in 5 stehen, werden alle diese Vergnügungen auf die eine oder andere Art mit leidvollen oder selbstzerstörerischen Tendenzen des 12. Hauses zu tun haben. Dieser Mensch sagt womöglich Dinge, von denen er weiß, daß sie ihn unglücklich machen werden – ohne sich zurückhalten zu können. Es könnte in diesem Fall auch durch die Liebespartner oder die Kinder zu leidvollen Erfahrungen in Verbindung mit Krankenhäusern oder großen Institutionen kommen.

Herrscher des unbesetzten 12. Hauses im 6. Haus

Beide Häuser ergänzen einander. Insofern dürfte Haus 6 die beste Stellung aller passiver Häuser (2., 4., 6., 8., 10. und 12. Haus) für den Herrscher von 12 darstellen. Gesundheitliche Belange sind hier von großer Bedeutung – der Geborene könnte zum Beispiel seine Freude daran haben, in einer Einrichtung zu arbeiten, die mit Gesundheit zu tun hat. Dieser Mensch verfügt zwar durchaus über praktische Fähigkeiten, hat aber im Arbeitsleben seine Schwierigkeiten mit den immer wieder in Erscheinung tretenden Tendenzen von Negativität, Depression, Minderwertigkeitskomplexen und Gefühlen der Unsicherheit. Dies gilt auch für seine körperliche Verfassung. Vielleicht ist er auch der Ansicht, daß er alles für seinen Job gegeben hat, sich «zum Dank» aber lediglich undurchschaubaren Entwicklungen oder Widersachern gegenüber sieht. In dieser Beziehung ist der Geborene sich selbst der schlimmste Feind, was damit zusammenhängt, daß es ihm bei der Arbeit an kommunikativen Fähigkeiten mangelt. Seine Schüchternheit und seine Hemmungen könnten dort als kühles, abweisendes Verhalten interpretiert werden.

Herrscher des unbesetzten 12. Hauses im 7. Haus

Trotz der Offenheit des 7. Hauses keine einfache Stellung. Viele der verborgenen Hemmnisse werden hier unbewußt auf den Partner übertragen. Als Resultat kommt es dann vielleicht dazu, daß der Partner dem Menschen Kummer und Leid bringt. Wenn der Mensch nicht erkennt, daß es hier um seine Projektionen geht, wird er immer wieder die gleichen Fehler in Partnerschaften machen. Krankenhäuser, Institutionen, Gefängnisse und Wohlfahrtsorganisationen stellen einige der Bereiche dar, denen der Partner einen Großteil seines Lebens widmen könnte. Mit dem Herrscher von 12 in 7 könnte man der Ansicht sein, dem Wohlbefinden des Partners das eigene Leben zum Opfer zu bringen.

Herrscher des unbesetzten 12. Hauses im 8. Haus

Hier könnte der Herrscher des 12. Hauses in hintergründigen, verborgenen Tätigkeiten Trost suchen. Das 8. Haus, das Zeichen Skorpion und der Planet Pluto können sich auf die höchste oder auf die niedrigste Art manifestieren – wie Phönix aus der Asche oder wie der stechende Skorpion. So verhält es sich auch bei dieser Plazierung. Wahrscheinlich sind eine starke Intuition und vielleicht sogar übersinnlich anmutende Fähigkeiten vorhanden. Es ist an dem Menschen selbst, wie er sich ihrer bedient. Gebraucht er seine Gabe auf negative Weise, handelt es sich um einen Mißbrauch von okkulten Kräften oder auch um unnatürliche sexuelle Begierden. Der positive Einsatz dagegen geht mit viel Mitgefühl, einer Aufrichtigkeit der Motive und mit heilerischen Fähigkeiten einher. Die Diskrepanz zwischen diesen Ausdrucksformen könnte auf karmischen Umständen beruhen. Die «alte Seele» mit einer derartigen Stellung ist ein guter Mensch. Der «jüngeren Seele» dagegen könnte es schwerfallen, ihre bemerkenswerten Gaben im Zaum zu halten. Beide Arten von Mensch aber werden wahrscheinlich bezüglich der Angelegenheiten des 12. Hauses nehmen können – entweder im physischen oder im emotionalen Sinn.

 ## Herrscher des unbesetzten 12. Hauses im 9. Haus

Womöglich die günstigste Plazierung für den Herrscher des 12. Hauses. Bei beiden Häusern ist ein Interesse für das Religiöse gegeben – Haus 9 bezieht sich dabei auf das umfassende, philosophische Moment der Religion, Haus 12 auf die glühende Hingabe im Glauben an Gott. Menschen mit einem starken 12. Haus könnten Mitglieder in religiösen Sekten werden, die eine Person mit einem starken 9. Haus an der Spitze haben. Mit der Kombination von Haus 9 und 12 handelt es sich vielleicht um jemanden, der außerordentlich fromm ist. Wie immer aber ist das negative Element der Energien des 12. Hauses sehr nah. Der Einfluß von selbstzerstörerischen Merkmalen würde sich hier insbesondere auf den Bereich der Reisen beziehen. Der Mensch könnte, wenn er fern der Heimat ist, mit Gefängnissen, Krankenhäusern oder anderen Anstalten zu tun bekommen. Das 12. Haus steht auch für geheime Feinde. Wenn der Herrscher von 12 in 9 steht, kann man davon ausgehen, daß die Feinde – welche möglicherweise aus einem anderen Land stammen oder von anderer Herkunft sind – deutlich in Erscheinung treten.

 ## Herrscher des unbesetzten 12. Hauses im 10. Haus

Typisch für eine 10.-Haus-Persönlichkeit sind zielgerichtete Anstrengungen, Anerkennung zu erhalten. Wenn das 12. Haus hereinspielt, könnten diese Antriebskräfte stark geschwächt sein. Dieser Mensch fühlt den starken Drang, etwas darzustellen, eine Person von Rang zu sein – zugleich aber leidet er unter dem Gefühl der Minderwertigkeit und sieht sich außerstande, einen Platz im Rampenlicht für sich zu reklamieren. Die selbstzerstörerischen und hemmenden Eigenschaften des 12. Hauses treten hier deutlich zutage; sie werden insbesondere auf die berufliche Sphäre projiziert. Die Abfolge von Aufstieg und Sturz, wie sie schon in Verbindung mit dem 10. Haus angeführt wurden, könnte sich ohne weiteres auch bei dieser Stellung ergeben. Der Geborene ist kaum dazu in der Lage, Bedürfnisse bezüglich seiner Stellung in der Gesellschaft anzumelden. Infolgedessen verachtet er sich selbst – oder seine Vorgesetzten, die er womöglich für das Leid verantwortlich macht, das er bei seiner Suche nach allgemeiner Anerkennung erfährt. Die berufliche Laufbahn auf einem Feld, das in irgendeiner Form mit Belangen des 12. Hauses zu tun hat, könnte hilfreich dabei sein, die unerfreulichen Auswirkungen dieser Stellung im Zaum zu halten.

 Herrscher des unbesetzten 12. Hauses im 11. Haus

Hier handelt es sich um eine weniger problematische Plazierung des Herrschers von 12. Einmal mehr treten die Eigenschaften, wie sie vom 12. Haus angezeigt sind, deutlich in Erscheinung – dieses Mal in Verbindung mit dem geselligen, auf das Humanitäre bezogene Umfeld von Haus 11. Der Mensch sehnt sich nach Freundschaften, und er genießt es, Mitglied von Gruppen zu sein. Dabei kann er aber seine Gefühle nicht immer so frei zum Ausdruck bringen, wie er sich das eigentlich wünscht. Nichtsdestotrotz ist der Wunsch, mit anderen verbunden zu sein, zu stark, als daß er ihn verleugnen könnte. Insofern stellt der Mensch die Bedenken, die aus der innerlichen Hemmung erwachsen könnten, zurück. Speziell Gruppen, die sich karitativen Zwecken verschrieben haben, wären günstig für ihn. Besonders wäre dabei die Arbeit mit körperlich oder geistig Behinderten anzuführen und Organisationen wie die Vereinigung der Samariter, die Anonymen Alkoholiker oder andere mehr. In der positiven Auswirkung kann dieser Mensch viel zum Wohle der Genannten beitragen. In negativer Sicht ist er womöglich unabsichtlich für seine Freunde die Ursache von Kummer und Leid. Es handelt sich hier um eine Person, die nach Erfolg strebt, ohne daß ihre Anstrengungen belohnt werden.

Kapitel 3

Transite und Progressionen durch unbesetzte Häuser

Wenn ein Planet im Transit oder in der Progression in ein Haus kommt, das im Geburtshoroskop unbesetzt ist, stehen für die Zeit dieses Transits beziehungsweise dieser Progression die entsprechenden Themen und Angelegenheiten im Vordergrund. Transite und Progressionen sind insbesondere dann von großer Bedeutung, wenn von ihnen aus Aspekte zu Planeten des Geburtshoroskops ausgehen. Tritt ein Planet im Transit oder in der Progression in ein Horoskophaus, das unbesetzt ist, kann das auf den Menschen, der den diesbezüglichen Angelegenheiten zuvor keine besondere Aufmerksamkeit geschenkt hat, eine geradezu überwältigende Wirkung haben.

Transite

Kein Mensch kann sich den Auswirkungen, wie sie mit dem Transit von Planeten durch unbesetzte Horoskopbereiche verbunden sind, entziehen. Alle Planeten von der Sonne bis hin zu Saturn durchlaufen diese Bereiche in zyklischen Abständen – der Mond läuft während seiner 28tägigen Umkreisung der Erde in etwa zweieinhalb Tagen durch ein Haus, die Sonne braucht dafür bei ihrer ein Jahr dauernden Erdumrundung etwa 30 Tage. Bei Merkur, Venus und Mars sind die Zyklen von weniger regelmäßiger

Art. Alle drei Himmelskörper aber durchlaufen die 360 Grad des Geburtshoroskops innerhalb einer Zeitspanne von zwei Jahren. Merkur und Venus sind hier die schnelleren; für gewöhnlich umrunden sie das Horoskop in dieser Zeit zweimal. Merkur steht dabei mindestens 16 Tage in einem Zeichen (beim Äqualen Häusersystem auch: mindestens 16 Tage in einem Haus. Wenn man andere Häusersysteme benutzt, ergibt sich aufgrund der unterschiedlichen Größe der Häuser, daß auch bei gleicher Geschwindigkeit der Planeten die Transite durch die Häuser unterschiedlich lange dauern).

Der Planet Mars kann sich bis zu acht Monate in einem Zeichen befinden. Jupiter läuft innerhalb seines Zwölf-Jahres-Zyklus durch alle Häuser, seine durchschnittliche Verweildauer beträgt dabei ein Jahr. Der Saturn-Zyklus ist länger, er umfaßt 28 bis 30 Jahre. Das hat zur Folge, daß der Lauf Saturns durch unbesetzte Horoskophäuser sich durchschnittlich über zweieinhalb Jahre hinzieht.

Was die äußeren Planeten betrifft: Erst Menschen in einem Alter von 84 Jahren haben den vollständigen Umlauf von Uranus um das Horoskop erlebt. Erst dann hat man erfahren, welch elektrisierenden Erfahrungen hinsichtlich der verschiedenen Lebensbereiche mit Uranus-Transiten verbunden sein können – insbesondere hinsichtlich der unbesetzten Horoskophäuser. Die Planeten Neptun und Pluto bewegen sich so langsam, daß es in der menschlichen Lebensspanne zu keinem vollständigen Umlauf kommen kann. Daraus ergibt sich wiederum, daß verhältnismäßig wenig Menschen erleben, welche Erfahrungen mit dem Transit dieser Planeten durch einen unbesetzten Horoskopbereich verbunden sind.

Die Auswirkungen des Transits der fünf persönlichen Planeten Sonne, Mond, Merkur, Venus und Mars ist von kürzerer und damit weniger schwerwiegender Art als die von Jupiter, Saturn, Uranus, Neptun und Pluto. Dieser Sachverhalt tritt deutlich zutage, wenn ein Planet in ein im Geburtshoroskop unbesetztes Haus kommt. Mit dem Eintritt der fünf äußeren Planeten (insbesondere Uranus, Neptun und Pluto) in unbesetzte Horoskopbereiche können sich radikale Umschwünge ergeben. Uns allen sind Menschen bekannt, die plötzlich und unerwartet, gewissermaßen über Nacht, ihr Leben von Grund auf geändert haben. Die Veränderungen, die unter einem Transit vorgenommen wurden, können dabei für das ganze Leben Bestand haben, also über die Zeitspanne des Transits hinaus fortbestehen. Speziell bei den Planeten Jupiter, Saturn und Pluto hat es den Anschein, daß die Veränderungen, die mit ihrem Transit einhergehen, von Dauer sind.

Die drastischen uranischen Veränderungen erwecken im ersten Moment den Eindruck, daß keine Rückkehr zu den alten Mustern mehr möglich ist. Wenn aber im Rahmen der Sieben-Jahres-Phasen dieses Planeten ein neuer Lebensbereich in den Blickpunkt rückt (Transit des nächsten Hauses), werden die vormals durchgeführten Veränderungen verdrängt. Es ergibt sich dann durchaus, daß der Mensch wieder zu den vorherigen Lebens- oder Verhaltensmustern zurückkehrt.

Die Transite von Neptun und Pluto erstrecken sich über eine sehr lange Zeit und haben damit weitreichende Auswirkungen. Das, was mit Neptun-Transiten verbunden ist, entzieht sich allerdings festen Begriffen; es handelt sich hier um schwer faßbare Auswirkungen. Die verwirrenden Nebel dieser Zeit lichten sich, wenn Neptun weiterläuft. Nur der feuchte, durchweichte Grund zeigt uns dann noch, welche chaotischen und desillusionierenden Erfahrungen mit diesem Transit verbunden waren. Pluto dagegen bedeutet vulkanische, transformierende Erlebnisse, die tiefe Narben verursachen, welche viel Zeit zur Heilung brauchen. Der Mensch, der den Transit von Neptun oder Pluto durch ein unbesetztes Horoskophaus erlebt hat, ist nicht mehr der gleiche wie zuvor.

Progressionen

Wenn wir die progressiven Planeten im Hinblick auf unbesetzte Horoskophäuser untersuchen, ist die grundsätzliche Regel dieser astrologischen Technik zu beachten: Nur die fünf persönlichen Planeten – und manchmal auch Jupiter – sind hier zu berücksichtigen. Die vier anderen Planeten bewegen sich zu langsam, als daß es dabei zu weitreichenden Veränderungen kommen könnte. Progressive Planeten wirken ähnlich wie die Transite der vier äußersten Planeten Saturn, Uranus, Neptun und Pluto. Infolgedessen ist es sehr bedeutungsvoll, wenn sie in ein unbesetztes Haus laufen. Nur der Mond bewegt sich in der Progression verhältnismäßig schnell – etwa so schnell wie Saturn im Transit: Er braucht etwa zweieinhalb Jahre, um ein Zeichen (beim Äqualen Häusersystem auch Haus) zu durchqueren.

Die Sonne braucht in der Progression etwa 30 Jahre, um ein Zeichen beziehungsweise Haus zu durchlaufen. Die progressive Sonne ist bei der Interpretation des persönlichen Wesens ein außerordentlich wichtiger Faktor. Jemand, der mit der Sonne im Widder geboren ist, wird zu einer stabileren Person, zu jemandem, der sich etabliert hat, wenn seine Sonne in der Progression in den Stier gelaufen ist. Allerdings könnte er es schwer haben, sich an diese Veränderung anzupassen, wenn bei ihm keine Planeten in dem praktischen Stier-Zeichen stehen. Merkur, Venus und Mars variieren sehr, was die Zeitspanne betrifft, die sie für die Durchquerung der Zeichen brauchen. Dabei ist der Zeitraum bei Merkur für gewöhnlich etwas kürzer als die 30-Jahres-Spanne der Sonne, der der Venus dagegen etwas länger als diese. Bei Mars kann es deutlich länger dauern, in Verbindung mit einer längeren Phase der Rückläufigkeit kurz nach der Geburt ergibt sich hier womöglich, daß der Mensch überhaupt nicht den Eintritt des progressiven Mars in ein anderes Zeichen erlebt. Der progressive Jupiter kann in späteren Jahren eine Rolle spielen, auch in Verbindung damit, daß er in ein neues Zeichen oder in ein unbesetztes Haus läuft.

Karma und persönliche Entwicklung

Mit der Analyse von Transiten und Progressionen bezüglich unbesetzter Horoskophäuser kommen «neue» Charaktermerkmale ins Spiel. Wir haben es hier mit karmischen Umständen zu tun. Diese Umstände können entweder als Prüfungen gesehen werden, die enthüllen, ob wir die Lektionen unserer früheren Existenzen wirklich gelernt haben, oder als Vorwegnahme von Prüfungen, denen wir uns in Zukunft einmal zu stellen haben werden. Gehen wir von letzterem aus, ist es natürlich sehr schwer, angemessene Verhaltensweisen zum Ausdruck zu bringen – es fehlt uns in diesem

Fall an einschlägigen Erfahrungen und an innerlichem Wissen hinsichtlich des entsprechenden Lebensbereiches. Geht es dagegen um den vergangenheitsbezogenen Sachverhalt, daß wir die Hausaufgaben in dem betreffenden Lebensbereich gelernt haben, werden Transite und Progressionen uns nicht mit Umständen konfrontieren, die schwierig sind – höchstens etwas lästig oder auch ermüdend. Allgemein gesagt hat eine «alte Seele» über ihre verschiedenen Leben hinweg viele karmische Lektionen gelernt. Aufgrund dessen ist sie besser imstande, mit Transiten und Progressionen einhergehende Probleme zu lösen.

Bei den persönlichen Planeten sind die Prüfungen von fließenderer und nebensächlicherer Art, sie haben nur selten dauerhafte Auswirkungen. Was dagegen die fünf äußersten Planeten betrifft, sind die Begleiterscheinungen schwerwiegender; der betreffende Mensch ist hier gefordert, eine positive Haltung zu beweisen. Ein Planet, der beim Transit oder bei der Progression durch einen unbesetzten Horoskopbereich in einem Hauptaspekt zu einem Planeten des Geburtshoroskops steht, kann außerordentlich intensive Auswirkungen haben. Dies gilt um so mehr, wenn zwischen den beiden betreffenden Planeten im Geburtshoroskop kein Aspekt gegeben ist.

Ein Mensch, der beim Transit von Neptun, Pluto oder vielleicht auch Uranus oder bei der Progression von Sonne, Merkur, Venus oder Mars in Verbindung mit einem unbesetzten Horoskopbereich keine besonderen Erfahrungen machen muß, hat aller Wahrscheinlichkeit nach während früherer Existenzen Selbstkontrolle und Beharrlichkeit entwickelt.

Das Haus, in dem sich der Häuserherrscher des unbesetzten Bereichs befindet, stellt ebenfalls ein Feld der Prüfung dar, allerdings ein nebensächlicheres. Es handelt sich dabei um eine dauerhafte Stellung – und die Auswirkungen der nicht erledigten Angelegenheiten der Vergangenheit sind nicht so gravierend.

All diese «außerplanmäßigen» Aktivitäten der Planeten stellen sicher, daß jeder Mensch zu bestimmten Phasen seines Lebens sich von seinem Charakter, von seinen Antriebskräften und von seinem Lebensstil her verändert. Dabei fällt es den Personen, bei denen die Planeten in so vielen Zeichen und Häusern wie nur möglich über das ganze Horoskop verteilt sind, leichter, derartige

Wandlungen zu akzeptieren. Das hängt damit zusammen, daß bei ihnen wenig unbesetzte Horoskopbereiche vorhanden sind und damit weniger Intensität hinsichtlich der Charaktermerkmale besteht. Diese Menschen sind in hohem Maße anpassungsfähig, und sie haben viel Freude daran, wenn sie sich an allem und jedem versuchen können. Das Gegenteil gilt für denjenigen, bei dem alle Planeten in einem Drittel – oder weniger – des Horoskop-Kreises zusammenstehen. Derartige Individuen leben auf eine sehr konzentrierte Weise, und es fällt ihnen sehr schwer, sich auf Bereiche einzulassen, die nicht durch Planetenstellungen abgedeckt sind. Diese extremen Charakteristiken gelten für Horoskope, bei denen sieben bis neun Häuser unbesetzt sind. Mir persönlich ist noch kein Horoskop begegnet, in dem mehr als neun Häuser leer waren. Theoretisch wären, wenn die äußeren Planeten wie Ende der 80er Jahre dicht zusammenstehen, auch zehn unbesetzte Häuser denkbar.

Läuft ein Planet in ein unbesetztes Haus, fühlt der Mensch damit das starke Bedürfnis, sich intensiver mit dem entsprechenden Lebensbereich zu beschäftigen. Der Planet läßt dabei Rückschlüsse darauf zu, welche Art von Energie hier nötig ist, das Zeichen verdeutlicht, wie die Energie zum Ausdruck kommt. Ein für gewöhnlich außengerichteter, positiver Mensch kann sehr empfindlich, vorsichtig und geheimniskrämerisch werden, wenn die meisten der Transit-Planeten bei ihm durch die passiven Häuser laufen. Genausogut kann es anders herum sein. Es sind stets der Planet und das entsprechende Haus, von welchen die größte Wirkung hinsichtlich der Transite und Progressionen ausgeht. Bei einem unbesetzten Haus ist das Zeichen an seiner Spitze vom Zeitpunkt der Geburt an ein dauerhafter Wirkungsfaktor. Die Transit-Planeten dagegen «kommen und gehen». Jeder Planet steht dabei, wie im folgenden noch genauer beschrieben werden wird, für eine ganz bestimmte Energie.

Auswirkungen der Transite und Progressionen

☉ ➤ **Die Sonne** im Transit und in der Progression

Im Transit: Im Laufe eines Jahres durchquert die Sonne alle unbesetzten (und besetzten) Horoskopbereiche einmal. Die diesbezüglichen Auswirkungen richten sich zumeist auf alltägliche und eher gewöhnliche Vorfälle. Zum Beispiel könnte sich der Mensch dann, wenn die Sonne bei ihm im Transit durch das 1. Haus läuft, eine neue Frisur zulegen. In Verbindung mit dem Lauf durch das 6. Haus könnte die Entscheidung fallen, am Arbeitsplatz positiver und ehrgeiziger in Erscheinung zu treten.

In der Progression: Wohl die wichtigste Stellung, was die progressiven Planeten insgesamt angeht, nicht nur in Hinblick auf das Haus, sondern auch auf das entsprechende Zeichen. Nur dann, wenn der Aszendenten-Grad und der Sonnen-Grad zusammenfallen, ergeben sich Wechsel von Zeichen und Haus der progressiven Sonne zur gleichen Zeit. Für die meisten Menschen trifft dies nicht zu. Daraus resultiert, daß sich in Verbindung mit der Sonne während des 30-Jahres-Zyklus zwei verschiedene Progressions-Situationen ergeben. Der Wechsel des Hauses hat bedeutsamere Auswirkungen als der Wechsel des Zeichens, welcher von subtilerer Art ist. Beide Wechsel aber sind deutlich wahrnehmbar. Der aktive und passive Einfluß der Zeichen und Häuser ist von großer Wichtigkeit, wenn wir uns mit der progressiven Sonne befassen. Extravertierte Menschen können hier plötzlich zu empfindsamen und zur Zurückgezogenheit neigenden Personen werden (Wechsel von einem aktiven zu einem passiven Zeichen), introvertierte entwickeln auf einmal Selbstbewußtsein (Wechsel von einem passiven zu einem aktiven Zeichen), «Workaholics» beginnen sich plötzlich mit Partnerschaftsfragen zu beschäftigen (Wechsel vom 6. zum 7. Haus), oder rastlose und unbeständige Personen werden unversehens seßhaft (Wechsel vom 3. zum 4. Haus). Die Auswirkungen, die sich hier ergeben, sind zumeist von umfassender

Art, mit den vielfältigsten Einflüssen auf das Verhalten. Derjenige, der in seinem Horoskop schon Planeten in den betreffenden Bereichen aufweist, hat dabei Startvorteile gegenüber der Person, die hier gewissermaßen Neuland betritt.

Wenn die Sonne sofort, nachdem sie in einen unbesetzten Horoskopbereich gekommen ist, im Aspekt zu Planeten des Geburtshoroskops steht, sind die Auswirkungen noch augenfälliger. Die Sonne herrscht über unsere innere Identität – über die Person, die wir innerlich wirklich sind. Die Progressionen der Sonne markieren Veränderungen im Rahmen unseres Selbstes. So ist zum Beispiel der Mensch mit der Sonne im Löwen dazu bestimmt, noch vor seinem 30. Lebensjahr die innerlichen Bedürfnisse des Zeichens Jungfrau zu erfahren. Und derjenige mit der Sonne in Haus 6 und keinem Planeten im 7. Haus wird, wenn er erwachsen geworden ist, viel mit den Eigenschaften zu tun haben, die mit Beziehungen einhergehen – wie es von Haus 7 angezeigt ist. Das Zeichen, das auf unser persönliches Sonnenzeichen folgt, ist deshalb von äußerster Wichtigkeit, ob nun Planeten darin stehen oder nicht (zumeist stehen Planeten darin – aufgrund der Tatsache, daß Merkur und Venus nie weit von der Sonne entfernt sind). In karmischen Begriffen geht es hier um das Zeichen, auf das wir zusteuern: Sehr wahrscheinlich handelt es sich dabei um das Sonnenzeichen in unserem nächsten Leben.

Die Progressionen und Transite sowie Planeten, die im Horoskop in diesem Zeichen stehen, helfen uns, uns auf dieses zukünftige Dasein vorzubereiten. Sie konfrontieren uns mit den umfassenden Veränderungen von Merkmalen, die hier einmal nötig sein werden. Aus diesem Grund ist es, wenn wir uns im nächsten Leben wohl in unserer Haut fühlen wollen, von entscheidender Bedeutung, daß wir das progressive Zeichen verstehen und akzeptieren lernen. Wir sollten der Vergangenheit keine besondere Aufmerksamkeit schenken – trotz der Tatsache, daß Planeten in dem Zeichen, das dem Sonnenzeichen vorausgeht, die Lektionen anzeigen, die wir zu früheren Lebzeiten nicht gelernt haben. Auch das der Sonne im Horoskop vorausgehende Zeichen ist sehr häufig besetzt. Mit ihm sind in vielen Fällen ebenfalls Schwierigkeiten und Hindernisse im Leben verbunden.

☽ ➤   Der Mond im Transit und in der Progression

Im Transit: Zweieinhalb Tage von allgemeiner, fließender Aktivität. Unsere täglichen Launen sind sehr stark vom Transit des Mondes beeinflußt. Ich habe die Feststellung gemacht, daß ich zu den Zeiten, wenn der Mond in den Zwillingen steht, gesprächiger bin, beim Schütze-Mond lebhafter und beim Fische-Mond (oder wenn der Mond durch mein 12. Haus läuft) ängstlicher oder depressiver. Menschen, die den Mond im Horoskop an herausragender Stelle haben, reagieren intensiver auf dessen Transite. Wenn es zur gleichen Mondphase wie beim Zeitpunkt der Geburt kommt (Neumond, zunehmendes Viertel und so weiter), fühlt man sich regeneriert und mit neuer Energie erfüllt. Es handelt sich hier im Kleinen gewissermaßen um eine Neugeburt.

In der Progression: Der Mond bewegt sich in der Progression etwa ein Grad pro Monat. Insofern entspricht sein 28tägiger Umlauf knapp zweieinhalb Jahren in der Progression. Der Mond ist der «aktivste» aller Progressions-Planeten, dabei aber auch der, von dem die wenigsten Störungen zu erwarten sind. Wir haben es hier jedoch trotz allem in Verbindung mit dem betreffenden Lebensbereich mit zweieinhalb Jahren voller emotionaler Umbrüche und Rastlosigkeit zu tun. Es ist manchmal nicht ganz einfach, mit diesen Energien umzugehen – es kann sein, daß sich der Mensch dabei in negativer Auswirkung unvernünftig oder gar kindisch verhält. Der Mond-Einfluß ist, auf welchem Gebiet auch immer, nicht von dauerhafter Art. Man kann immer wieder nur staunen, wie schnell sich die Bedürfnisse des Menschen ändern können, wenn der Mond weiterläuft und einen anderen Lebensbereich beeinflußt. Dies ist um so deutlicher und leichter zu akzeptieren, wenn der Mond aus einem unbesetzten Haus in eines weiterläuft, das im Geburtshoroskop besetzt ist.

☿ ➤   Merkur im Transit und in der Progression

Im Transit: Die Transite von Merkur haben nur selten folgenschwere Auswirkungen. Manchmal bleibt dieser Planet für eine

Woche oder noch länger stationär – zu solchen Phasen ist sein Einfluß dann deutlich spürbar. Allgemein können wir sagen, daß Merkur eine Verstärkung unserer kommunikativen Fähigkeiten hinsichtlich des Bereiches anzeigt, den er gerade durchläuft. Er ist von etwas größerer Wirkung, wenn er durch die veränderlichen Häuser (Haus 3, 6, 9 und 12), durch die veränderlichen Zeichen (Zwillinge, Jungfrau, Schütze und Fische) oder durch das Zeichen oder Haus läuft, in dem er im Horoskop steht. Bei unbesetzten Häusern sind hier keine großen Auswirkungen zu erwarten, ausgenommen die Tatsache, daß es bezüglich der betreffenden Felder zu vermehrter Kommunikation kommen könnte.

In der Progression: Die Merkur-Progression ist weniger wichtig als die von Sonne oder Mond. Wie die Sonne auch bleibt Merkur im allgemeinen für eine ganze Reihe von Jahren im gleichen Zeichen beziehungsweise Haus. Große Veränderungen ergeben sich dann, wenn es hier zu einem Wechsel kommt. Diese Wandlungen beziehen sich aber hauptsächlich auf die geistige Ebene – insofern wirken sie sich zumeist weniger deutlich als die anderen Progressionen aus. Je stärker Merkur im Horoskop gestellt ist, desto deutlicher wird der Mensch dessen progressive Bewegung durchs Horoskop wahrnehmen. Dies bezieht sich insbesondere auf kommunikative Fähigkeiten, die verstärkt oder behindert werden können, in Abhängigkeit zu dem Zeichen, in dem sich Merkur dann befindet. Die Hausstellung kann für neue Interessengebiete stehen oder anzeigen, daß der Mensch ein neues Wissen erwirbt. Das ist besonders dann zu erwarten, wenn Merkur in das 3. oder 9. Haus läuft und dieses im Geburtshoroskop nicht besetzt ist. Wie dem auch sein mag – über den Lebensbereich, der vom progressiven Merkur angezeigt ist, wird man sich unweigerlich viele Gedanken machen.

♀ ➤ Venus im Transit und in der Progression

Im Transit: Die Transite der Venus dauern im allgemeinen etwas länger als die von Merkur, aber nicht viel. Vorausgesetzt, daß es während des Transits keine problematischen Aspekte von der Venus aus gegeben sind, steht dies für eine harmonische, friedvolle und glückliche Zeit bezüglich des betreffenden Lebensbereiches. Manchmal könnte es dabei auch zu Trägheit, einer übermäßigen Ausrichtung auf das Materielle oder zur Genußsucht kommen, insbesondere dann, wenn der Transit entsprechende Häuser berührt (wie zum Beispiel das 2.). Weil die Venus den Horoskop-Kreis recht häufig durchläuft (wozu sie für gewöhnlich ein Jahr oder weniger braucht), sind bei ihrem Lauf in unbesetzte Häuser keine überwältigenden neuartigen Erfahrungen zu erwarten, welche eine Neuanpassung notwendig machen würden.

In der Progression: Wichtiger als die Venus-Transite, aber nicht so machtvoll wie die Progressionen von Sonne und Mond. Die Venus glättet und übt einen femininen Einfluß aus auf alles, was sie berührt. Der Mann mit einem sehr maskulinen Horoskop – zum Beispiel mit einer Betonung von positiven Zeichen und Planeten wie Mars, Jupiter, Sonne und Uranus – kann zumeist davon profitieren, wenn die Venus in der Progression in ein passives Zeichen tritt. Dagegen wird für das Horoskop, das stark durch feminine Stellungen geprägt ist – ob nun zu einer Frau oder zu einem Mann gehörig –, der Eintritt der Venus in ein passives Zeichen eher als ein weiteres schwächendes Element wirken. Mit der Venus projizieren wir Charme und Bescheidenheit, nicht aber Charakterstärke. Insofern ergibt sich mit der Venus-Progression in ein unbesetztes Zeichen nur selten eine spontane Veränderung hinsichtlich des Lebensstils. Nichtsdestotrotz sind diese Progressionen deutlich zu spüren, was der Mensch auch, wenn er das will, zum Ausdruck bringen kann, in Verbindung mit kreativen, ästhetischen oder materialistischen Belangen. Handelt es sich dabei um eine unharmonische Zeichenverbindung, könnte es in dieser Hinsicht aber auch zu Beschränkungen kommen.

♂ ➤ Mars im Transit und in der Progression

Im Transit: Mars-Transite können von großer Wichtigkeit sein, insbesondere dann, wenn es hier um einen längeren Aufenthalt in einem Zeichen oder Haus geht, wie er sich etwa alle zwei Jahre einmal ergibt. Die vibrierende, machtvolle Mars-Energie, die sich für gewöhnlich auf der physischen Ebene manifestiert, tritt auf eine viel augenfälligere Weise als die ruhigen, subtilen Venus-Schwingungen in Erscheinung. Läuft Mars im Transit in ein unbesetztes Haus, könnte die Umwelt den Eindruck haben, daß sich der betreffende Mensch radikal verändert. Es ist dann womöglich so, daß dieser sich plötzlich wie aus heiterem Himmel auf ein neues Interessengebiet wirft (welches durch den Mars-Transit angezeigt ist). Der Planet Mars ist im Transit dadurch gekennzeichnet, daß er vermeintlich ruhige, nicht besetzte Bereiche mit Leben erfüllt – und manchmal kommt es dazu, daß der Mensch hier zuviel des Guten tut, woraus Gefahren resultieren könnten. In den meisten Fällen aber verlaufen die Mars-Transite durch die Häuser (im zeitlichen Abstand von etwa zwei Jahren) auf eine beschaulichere Weise. Der Erwachsene hat hier die Möglichkeit, sich auf die plötzlichen Ausbrüche von Energie einzustellen, und es ist ohne weiteres möglich, daß er sie anregend und hilfreich findet. Es gibt keinen anderen Planeten, der bei seinem Lauf durch unbesetzte Häuser derart vielfältige, letzlich aber doch nebensächliche Veränderungen bewirkt.

In der Progression: Mars bewegt sich in der Progression eher langsam. Jeder Haus- und Zeichenwechsel von ihm ist deshalb sehr bedeutsam. Jemand mit einem Fische-Mars zum Beispiel wird sich von Energie erfüllt und wie neugeboren fühlen, wenn sein progressiver Mars in das Zeichen Widder läuft. Wenn auch die Eigenschaften, wie sie mit dem Fische-Mars verbunden sind, für ihn Gültigkeit behalten, wird er sich doch von dieser Zeit an durch eine direktere und positivere Einstellung dem Leben gegenüber auszeichnen. Diese Veränderung kann von sehr drastischer Natur sein. Ohne Frage ist die Mars-Energie ungemein schwierig zu kontrollieren, wenn es sich um ein Horoskophaus oder um ein Zeichen handelt, das zum Zeitpunkt der Geburt nicht besetzt war. In solch einem Fall braucht der Mensch viel Zeit, um sich an die Gegebenheiten anzupassen. Die Transite und Progressionen aller Planeten in unbesetzte Horoskopbereiche sind generell von deutlich wahrnehmbaren und sehr häufig auch problematischen Umständen begleitet – für keinen aber gilt das so sehr wie für Mars mit seiner rauhen, direkten Art.

Im Transit: Der für gewöhnlich sich über ein Jahr hinziehende Aufenthalt von Jupiter in einem Zeichen beziehungsweise Haus ist ein wichtiger Faktor. Der Jupiter-Zyklus umfaßt zwölf Jahre; damit verhält es sich so, daß so gut wie jeder die wohltätigen und expansiven Eigenschaften dieses Planeten hinsichtlich der unbesetzten Horoskopbereiche mehrmals im Leben erfährt. In manchen Fällen kann Jupiter aber auch dem Anschein nach destruktive oder tragische Umstände zur Folge haben. Diese negative Reaktion tritt allerdings nur dann auf, wenn der Mensch ein mit mehreren Planeten besetztes Haus nicht konstruktiv zum Einsatz gebracht hat. Für gewöhnlich treten, wenn Jupiter in ein unbesetztes Haus läuft, all seine natürlichen Gaben in Erscheinung. Aber auch hier hängt viel davon ab, wie wir mit unseren Gelegenheiten umgehen. Mißbrauchen wir sie oder lassen wir sie ungenutzt verstreichen, können damit negative Jupiter-Energien heraufbeschworen werden, auch dann, wenn das betreffende Haus oder Zeichen im Horoskop nicht besetzt ist.

Wir alle profitieren sehr von den Jupiter-Transiten durch unbesetzte Häuser des Horoskops. Der Zeitraum von einem Jahr ist lang genug, die Auswirkungen des Transits wahrzunehmen und die nötigen Anpassungen durchzuführen. Die Transite der persönlichen Planeten stehen nur selten mit größeren Vorfällen in Verbindung (wenngleich sie natürlich zeitlich mit wichtigeren Transiten zusammenfallen können) – Jupiter-Transite aber bedeuten in vielen Fällen, daß sich wichtige Neuerungen ergeben. Läuft zum Beispiel Jupiter im Transit in ein unbesetztes 7. Haus, ergibt sich womöglich für den Menschen die wunderbare Gelegenheit zu einer dauerhaften Beziehung (viele Ehen werden zu derartigen Zeiten geschlossen). Ein anderer Fall wäre die Person, die keinen Planeten in 11 hat. Mit dem Jupiter-Transit bekommt sie die Möglichkeit, Kontakte zu knüpfen, und kann sich an Gruppenaktivitäten beteiligen. Der Enthusiasmus, mit dem sie das tut, dürfte wieder abnehmen, wenn Jupiter in das 12. Haus weiterläuft – vollständig erlöschen aber wird er nicht. Anders als bei den Transiten von Uranus und Neptun scheint es bei Jupiter eher zu relativ dauerhaften Veränderungen zu kommen. Die meisten der Ehen, die während des Transits von Jupiter durch das 7. Haus geschlossen wurden, bleiben auch später noch bestehen, die meisten Menschen behalten ihre neue Stellung auch dann, wenn Jupiter aus Haus 10 heraus ins 11. Haus gelaufen ist. Diese Dauerhaftigkeit ist zweifellos der Grund für die Expansivität Jupiters. Insbesondere bei dem Lauf durch unbesetzte Horoskophäuser ergeben sich hier wohltätige Folgen.

In der Progression: Bei manchen Menschen ergibt sich, daß Jupiter in der Progression in ein anderes Haus oder Zeichen läuft, womit dann grundsätzliche Veränderungen im Leben einhergehen. Die Auswirkungen aber, wie sie mit dem Zeichen- oder Hauswechsel verbunden sind, ziehen sich über mindestens zwei oder drei Jahre hin. Das kann zur Folge haben, daß es seine Zeit braucht, bis der Mensch die diesbezüglichen Einflüsse spürt. Vorausgesetzt, daß der progressive Jupiter den unbesetzten Horoskopbereich vollständig durchläuft, wird der Mensch nach und nach die Früchte des Einflusses dieses machtvollen Planeten ernten können.

♄ ➤   Saturn im Transit und in der Progression

Im Transit: Viele Menschen fürchten die Transite von Saturn mehr als die aller anderen Planeten, ungeachtet der Tatsache, daß Saturn nur halb so lange wie Uranus und nur einen Bruchteil der Zeit von Neptun und Pluto in einem Zeichen oder Haus steht und daß die saturnische Energie viel besser zu kontrollieren ist als die der drei äußeren Planeten. Saturn ist der Planet, der Angst, Beschränkung, Hemmnisse, Lasten und Pflichten symbolisiert, und es hat den Anschein, als ob es diese Facetten des Lebens sind, die wir besonders fürchten – nicht die plötzlichen uranischen Umbrüche, nicht die Fluchttendenzen, wie sie mit Neptun verbunden sind, und nicht die vulkanischen Eruptionen von Pluto. Das eintönige Alltagseinerlei, wie es von Saturn symbolisiert wird, scheint nichts Vergnügliches, Charmantes oder Spannendes zu haben. Dabei kann uns Saturn doch soviel lehren, besonders hinsichtlich unserer karmischen Pflichten. Wenn wir dazu bereit sind, die saturnischen Beschränkungen mit Gleichmut und Stärke zu ertragen, können wir aus seinen Transiten viel Gewinn ziehen.

Menschen mit einem stark gestellten Saturn im Horoskop haben im allgemeinen größere Schwierigkeiten, mit Saturn-Transiten zurechtzukommen. Bei mir ist Saturn im Horoskop eher schwach, mit nur wenigen Aspekten – und für mich war der Transit dieses Planeten kaum je eine besorgniserregende oder furchteinflößende Erfahrung, selbst dann nicht, wenn es hier zu schwierigen Aspekten kam. In der Tat scheint mir der Saturn-Transit mehr noch als der von Jupiter auf den betreffenden Gebieten ein hilfreicher Einfluß zu sein. Ich gebe zu, mit dieser Ansicht ziemlich allein dazustehen. Verbreiteter dagegen ist es leider, Saturn-Transiten mit viel Angst zu begegnen.

Wenn Planeten im Transit in unbesetzte Zeichen oder Häuser laufen, kann das weitreiche Konsequenzen haben. Es ist dann auch nur zu offensichtlich, daß in Verbindung mit Saturn sehr frustrierende Erfahrungen möglich sind. Ein Bereich, dem der Mensch zuvor keine Aufmerksamkeit schenken mußte, kann plötzlich mit vielen Problemen einhergehen. Die Rückschläge, Hemmnisse und allgemeinen Schwierigkeiten dieser Zeit sind zwar eigentlich nebensächlicher Art, sie scheinen dem Menschen in dieser Phase aber nahezu unüberwindlich zu sein. Saturn-Transite stellen unser Durchhaltevermögen, unsere Zuverlässigkeit, die Ernsthaftigkeit unserer Motive und unsere Geduld auf die Probe. Wenn wir dem, was Saturn jeweils von uns fordert, nicht gerecht werden, wird er in einem immer stärkeren Maße seine hartnäckige Energie auf uns richten – bis wir dann schließlich hoffentlich verstehen, worum es geht.

Ist der betreffende Horoskopbereich von einem oder mehreren Planeten besetzt, sind die Lebensmuster des betreffenden Hauses bereits zu einem mehr oder weniger starken Maße ausgeprägt. Durch Saturn kommt es hier zur Kontrolle dieser Muster. Er wirkt sich in dieser Beziehung strukturierend und hilfreich aus. Läuft Saturn dagegen in einen leeren Horoskopbereich, gibt es nichts, woran er sich halten könnte. Insofern fängt er hier ganz von vorne an. Wenn der Mensch seine Lektionen zu früheren Lebzeiten gelernt hat, müssen sich dabei keine Probleme ergeben – es wird dann nicht allzulange dauern, bis das Unbewußte sich die Lebensumstände der vergangenen Existenzen vor Augen gerufen hat und die damit verbundenen Erfahrungen erfolgreich auf das jetzige Dasein anwenden kann. Wenn es hier aber um die Erprobung von zukünftigen Entwicklungen geht, können sich vielerlei Beschränkungen und Hemmnisse ergeben, weil der Mensch nicht weiß, wie er mit dem Transit umgehen soll. Saturn-Transite vergißt man nicht so schnell – das Leben nimmt einen anderen Lauf, wenn dieser Planet schließlich weiterläuft. Idealerweise handelt es sich für uns hier darum, daß wir viele Erkenntnisse über das Leben gewinnen, um nicht wieder die gleichen Fehler zu begehen.

In der Progression: Diese Bewegung ist zu langsam, um von Belang zu sein (Ausnahme: Saturn steht minutengenau auf demselben Grad wie ein anderer Planet). In den seltenen Fällen, daß der progressive Saturn in ein neues, nicht besetztes Zeichen oder Haus läuft, haben wir es mit einem sehr aussagekräftigen Horoskopmerkmal zu tun.

♅ ➤   Uranus im Transit und in der Progression

Im Transit: Die meisten Menschen haben eine scharfe Wahrnehmung für Uranus-Transite. Die uranische Energie ist dynamisch, sehr sprunghaft und beileibe nicht immer schädlich. Manchmal muß der Mensch förmlich zu einer Handlung getrieben oder gedrängt werden, manchmal nimmt er nur unter Druck Veränderungen vor. Die Auswirkungen von Uranus auf ein unbesetztes Haus können zumindest anfänglich extrem schwierig sein (das gilt um so mehr, wenn es sich dabei um ein fixes Haus oder Zeichen handelt). Die betreffende Person könnte hier der Meinung sein, all das, was mit dem betreffenden Horoskopbereich zusammenhängt, vollständig unter Kontrolle zu haben – bis sich dann Uranus plötzlich Bahn bricht und es zu Handlungen kommt, bei denen der Mensch nicht mehr an die Konsequenzen denkt. Wie dem auch sein mag – man sollte versuchen, sich im Einklang mit dieser Zeit zu bewegen. Uranus fordert sofortige Antworten und Handlungen. Wenn das Haus oder Zeichen, das von seinem Transit betroffen ist, im Geburtshoroskop besetzt ist, dürfte der Mensch weniger Probleme haben zu reagieren, weil er hier schon weiß, worum es geht. Bei einem unbesetzten Horoskopbereich aber kann er nicht «automatisch» reagieren, es braucht dann seine Zeit, bis die Angelegenheiten, wie sie von dem betreffenden Haus angezeigt sind, in den persönlichen Lebensstil integriert werden. Uranus ist allerdings außerordentlich ungeduldig; er räumt uns keine Frist für Veränderungen ein. Die Uranus-Transite durch unbesetzte Horoskopbereiche stellen damit abrupte und extreme Prüfungen unseres Karmas der Vergangenheit dar, sie zeigen, ob wir unsere Lektionen gelernt haben. Es kann sich hier aber auch um peinliche und schmerzhafte Tests zukünftiger Existenzen handeln.

In der Progression: Uranus bewegt sich in der Progression während der menschlichen Lebensspanne nur etwa zwei oder drei Grad weiter. Aus diesem Grund wird er diesbezüglich nur selten untersucht.

♆ ➤ Neptun im Transit und in der Progression

Im Transit: Neptun-Transite sind in ihrer Wirkung zumeist von subtiler und hintergründiger Art. Oberflächlich gesehen scheinen sie oft keine besondere Bedeutung zu haben, innerlich aber sind die Auswirkungen, die mit ihnen verbunden sind, ungemein heftig. Man könnte zunächst der Auffassung sein, daß der Lauf von Neptun in ein unbesetztes Horoskophaus keine besonderen Folgen hat. Allmählich aber wird deutlich, um welche Veränderungen es hier geht. Kennzeichnend für diese Phasen sind die folgenden Begriffe: Zerfall und Auflösung, Verwirrung und Täuschung, Ernüchterung.

Das wichtigste Ziel mit Neptun im Leben ist die Auflösung oder Transzendierung aller Grenzen und Beschränkungen. Aus diesem Grund kann aus der positiven Nutzung der neptunischen Energie sehr viel Spiritualität und eine sehr inspirierte Kreativität hervorgehen. In leeren Häusern aber hat Neptun so gut wie nichts, worauf er «bauen» könnte. Es gibt dort – anders als bei

Horoskophäusern mit zwei oder gar drei Planeten – nichts, was aufzulösen oder zu transzendieren wäre. Allmählich aber werden auch hier die Auswirkungen des Karmas der Vergangenheit in Erscheinung treten. Der Mensch könnte die Erfahrung machen, daß er zu einer solchen Zeit ein verborgenes Talent entdeckt. Vielleicht aber muß er nun auch anerkennen, daß es für ihn eine karmische Lektion gibt, der er bisher immer ausgewichen war. Meiner Meinung nach repräsentieren Neptun und Pluto das sehr weit zurückliegende Karma, während Uranus und Saturn für karmische Umstände der jüngeren Vergangenheit sprechen. Damit sind dann auch die Transite der letzteren deutlicher spürbar als die von Neptun und Pluto.

In der Progression: Aufgrund seiner extrem langsamen Bewegung wird Neptun nur sehr selten in der Progression untersucht.

♀ ➤ Pluto im Transit und in der Progression

Im Transit: Neptun und Pluto wirken sich im Transit ähnlich aus – wobei die sich langsam aufstauenden untergründigen Pluto-Strömungen, welche unter Umständen zu aggressiven oder gewalttätigen Ausbrüchen führen, die Transite dieses Planeten traumatischer und transformativer zugleich machen. Wie bei Neptun auch hat die plutonische Energie in unbesetzten Häusern nur wenig Anknüpfungspunkte. Wenn sie aber erst einmal Fuß gefaßt hat, ist sie nicht mehr aufzuhalten. Der Mensch, der hier zuvor in aller Ehrlichkeit gesagt hat, daß irgend etwas oder jemand ihn nicht im Geringsten interessiert, könnte nun die Entdeckung machen, daß er von dem vermeintlich Uninteressanten vollständig in Beschlag genommen wird, möglicherweise sogar mit Zügen der Besessenheit. Pluto-Transite sind von sehr dauerhafter Wirkung. Mit seinem Transit durch einen unbesetzten Horoskopbereich können Tod, Geburt oder eine totale Transformation verbunden sein. Geht es dabei um das 4. oder um das 10. Haus, könnte damit angezeigt sein, daß der Mensch einen Elternteil verliert (gleiches kann für Transit-Aspekte zu Sonne oder Mond gelten). In den Phasen seiner langsamsten Bewegung braucht er über 30

Jahre, um ein Zeichen (beziehungsweise Haus) zu durchlaufen. Daraus ergibt sich, daß der betreffende Horoskopbereich zu einem integralen Bestandteil des Menschen werden muß.

In der Progression: Aufgrund seiner extrem langsamen Bewegung wird Pluto nur sehr selten in der Progression untersucht.

Kapitel 4

Unbesetzte Polaritäten, Qualitäten und Elemente

Wenn in einem Horoskop ein Element oder eine Qualität nicht besetzt oder die aktive (positive) oder die passive (negative) Polarität sehr schwach gestellt ist, hat das für die astrologische Interpretation schwerwiegende Folgen, insbesondere in bezug auf die karmischen Umstände. Bei der Untersuchung von Horoskopen beziehe ich hier Aszendent und MC sowie die Mondknoten oder andere rechnerische Punkte nicht mit ein. Auch berücksichtige ich den Planeten Chiron nicht. Leere Horoskopbereiche oder schwach besetzte Elemente, Qualitäten oder Polaritäten stehen für einen Mangel an planetarischer Energie hinsichtlich bestimmter Facetten, Umstände oder Merkmale des Lebens. Bei der Berücksichtigung der Situation in ihrer Gesamtheit ist auch auf andere wichtige Faktoren wie zum Beispiel Aszendent und MC zu achten, weil das eine Modifikation der Aussagen bedeutet. Es handelt sich bei ihnen aber um sensitive Punkte, an denen sich die planetarische Energie auf eine sehr machtvolle Weise entladen kann, nicht um unabhängige Brennpunkte der Freisetzung von Energie. Nur die zehn bekannten Planeten unseres Sonnensystems sollten deshalb bei der Untersuchung von leeren Horoskopbereichen und schwach besetzten Elementen, Qualitäten oder Polaritäten herangezogen werden.

In den nun folgenden Abschnitten beziehe ich mich häufig auf die 400 Horoskope aus meinen Unterlagen, die zum größten Teil von Menschen dieses Jahrhunderts stammen (nur zehn Prozent von Personen vor dieser Zeit). Etwa ein Viertel davon sind berühmte – oder auch berüchtigte – Leute. Die anderen Horoskope gehören zu Klienten, Freunden und Verwandten von mir. Womöglich wäre es zu anderen Ergebnissen gekommen, wenn man eine größere Anzahl von Horoskopen aus früheren Zeiten hätte untersuchen können. Ich möchte aber jedenfalls meiner Hoffnung Ausdruck verleihen, daß die vorliegende Untersuchung eine Anregung für weitere Forschungen darstellt.

Schwach besetzte Polaritäten

Daß nur die aktive (positive) oder die passive (negative) Polarität des Horoskops besetzt ist, kommt so gut wie nie vor. Dies würde bedeuten, daß die Hälfte des Horoskops unbesetzt wäre. In meiner Sammlung von Horoskopen – ein Viertel davon von berühmten Persönlichkeiten – existieren nur drei derartige Fälle. Umgerechnet würde das heißen, daß wir diese Verteilung bei weniger als einem Prozent der Bevölkerung finden können. Es überrascht nicht, daß es sich bei den wenigen Personen, auf die das zutrifft, um sehr ungewöhnliche und einzigartige Individuen handelt. In den Horoskopen dieser Menschen sind mindestens sechs unbesetzte Zeichen oder Häuser vorhanden. Dabei sehen wir keine gehäufte Ballung von Planeten, sondern die Verteilung auf verschiedene Horoskopbereiche. Es geht hier um Personen, die kein kein konventionelles Leben führen.

Die Tatsache, daß eine Polarität unbesetzt ist, scheint nicht unbedingt einen extrem unausgeglichenen Charakter zur Folge zu haben. Mit diesem seltenen Sachverhalt ist auch verbunden, daß die beiden Elemente der betreffenden Polarität im Horoskop unbesetzt sind. Theoretisch sollte ein solcher Mensch dann entweder ausschließlich positive oder negative Merkmale zum Ausdruck bringen. Dies aber ist nur selten der Fall – zweimal Minus ergibt Plus, und wenn die Wippe unten ist, kann es nur noch aufwärts gehen. Der Mensch mit einer schwach besetzen Polarität ist dazu imstande, den natürlichen Ausdruck seiner Planetenstellungen zu transformieren; aus Negativem kann hier Positives und aus Positivem Negatives werden. Diese Situation ist mit den Symbolen der Yin- und der Yang-Energie beim *I Ging* zu vergleichen: Wenn nur Yin-Energie vorhanden ist, schlägt sie in Yang-Energie um, ausschließliches Yang wird zu Yin.

Zu dieser vollständigen Transformation kann es nur dann kommen, wenn extreme Ungleichgewichte bei den Polaritäten vorhanden sind. Wenn wir es hier mit Verhältnissen von neun positiven zu einem negativen Merkmal oder acht negativen zu zwei positiven zu tun haben, geht es um einen Menschen, der sehr unausgewogen ist und womöglich viele Probleme mit seiner Psyche hat. Verhältnisse von fünf zu fünf oder sechs zu vier sind sehr günstig; sie bedeuten Ausgewogenheit (um so mehr, wenn auch Aszendent und MC diese Verteilung stützen). Meiner Ansicht nach ist bei unserer heutigen hektischen Lebensform das beste Verhältnis sechs positive zu vier negativen Merkmalen.

Bei schwach besetzten Polaritäten sollte der Mensch im Idealfall auch die gleiche Qualität an Aszendent und MC aufweisen. Mit der Berücksichtigung dieser beiden Punkte aber wird es so gut wie unmöglich, daß im Horoskop eines Menschen eine Polarität nicht besetzt ist. Bei den drei Fällen meiner Sammlung steht zweimal der Aszendent und einmal Aszendent und MC in der gegensätzlichen Polarität. Bei allen dreien gibt es Probleme bei der Projektion des Aszendenten – welcher ganz anders als der Rest des Horoskops geprägt ist. Insofern ist diesen Menschen die Möglichkeit versperrt, den vom Karma angezeigten besonderen Weg zu beschreiten.

In den meisten Fällen von unbesetzten Polaritäten handelt es sich grundsätzlich um karmische Stärken. Es ist aber so, daß sich dieser Mangel auf drei verschiedene astrologische Faktoren bezieht: auf das Aktive/Passive, darauf, daß zwei Elemente unbesetzt sind und auf den Sachverhalt, daß überdurchschnittlich viele leere Häuser vorhanden sind. Bei solchen Persönlichkeiten handelt es sich zweifellos um alte Seelen, die mit einem karmisch bedingten Überfluß an Talenten auf Gebieten, welche ihnen nicht besonders wichtig sind (die leeren Häuser). Es gibt aber Bereiche, auf die sie sich konzentrieren müssen und die fortwährend Aufmerksamkeit und viel Umsicht erfordern. Diesen Menschen ist es nicht vergönnt, sich zurückzulehnen und sich zu entspannen. Sie müssen sich sehr davor hüten, in den betreffenden Lebensbereichen negativen Haltungen zum Opfer zu fallen. Trotz all ihrer Talente handelt es sich für sie um einen ständigen Kampf, sich frei zum Ausdruck zu bringen (um so mehr, wenn sich der Aszendent in einem Zeichen befindet, das den inneren Bedürfnissen widerspricht). Möglicherweise sind es diese wenigen bemerkenswerten Menschen, die am ehesten zu «perfekten» Seelen werden können. Die Wege, die das Schicksal ihnen zugedacht hat, sind wahrscheinlich aber auch die beschwerlichsten.

Wenig aktive (positive) Polarität – Betonung von Wasser und Erde

Der Mensch mit sehr vielen Planeten in passiven (negativen) Zeichen hat durch seine vielen Existenzen hindurch die Lektionen, wie sie mit dem Element Feuer und Luft einhergehen, gelernt; er ist dazu imstande, von diesen Energien frei Gebrauch zu machen. Während der jetzigen Existenz liegt für ihn der Schwerpunkt auf den passiven Zeichen und den Gebieten, die mit ihnen zusammenhängen. Hier handelt es sich um die Bereiche, auf die der Geborene seine Aufmerksamkeit richten muß. Die Merkmale, wie sie von den aktiven Zeichen verkörpert werden, können ihm helfen, seine Ziele zu erreichen. Eine solche Person wird kaum den Anschein erwecken, sehr lebhaft, enthusiastisch oder gesprächig zu sein. Kennzeichnend ist vielmehr eine introvertierte, meditative und auf das eigene Wesen gerichtete Haltung. Dies ist ein Resultat von karmischen Pflichten. Der betreffende Mensch kann von seinem Unbewußten her ohne weiteres auf die Qualitäten der aktiven Polarität zurückgreifen – der Mißbrauch dieser Fähigkeiten aber wäre, karmisch gesehen, außerordentlich schädlich für ihn. Diese Personen sind auf eine ruhige Weise bejahend und zielstrebig. Dabei verfügen sie in ihrem Inneren über viele Ressourcen. Wenn hier das Element Wasser vorherrschend ist, werden auch Eigenschaften wie Fürsorglichkeit und Mitgefühl deutlich in Erscheinung treten. Gewarnt werden müßte dann vor der Tendenz, sich von den machtvollen emotionalen Bedürfnissen überwältigen zu lassen. Ist das Element Erde dominierend, handelt es sich um eine Person, die scharfsinnig und praktisch begabt ist. In diesem Fall besteht eine Neigung zum Materiellen. Diesbezüglich muß der Mensch sich vor Übertreibungen hüten.

Wenig passive (negative) Polarität – Betonung von Feuer und Luft

Diese Person hat die Lektionen der passiven (negativen) Qualität gelernt, die zu früheren Lebzeiten zu lernen waren. Insofern besteht nun für sie keine Notwendigkeit mehr, auf das Innerliche ausgerichtet zu sein, sich mit den Gefühlen zu beschäftigen oder sich still im Hintergrund zu halten. Dieser Mensch könnte, wenn er das will, sich ohne weiteres auf die entsprechenden Eigenschaften beziehen (um so mehr, wenn sein Aszendent sich in einem passiven Zeichen befindet). Weil er in seinem Inneren alles weiß, was es über die im Verborgen liegenden passiven Qualitäten zu wissen gibt, fällt es ihm leicht, sich in andere hineinzuversetzen – was der Grund für seine Intuition ist (welche speziell mit einer Vorherrschaft der Feuerzeichen einhergeht). Es ist allerdings nicht so, daß es ihm Spaß machen würde, Verrückten seine Zeit zu schenken. Mit der intensiven Konzentration von Feuer und Luft hat er dann auch Schwierigkeiten damit, seine Ungeduld, seinen Enthusiasmus und seine Redelust im Zaum zu halten beziehungsweise hier auf eine umsichtige Art vorzugehen. Ein negativer Einsatz des machtvollen Feuer-Elementes könnte den Menschen impulsiv, tollkühn, rauh oder auch selbstsüchtig werden lassen. Bei einer Vorherrschaft der Luftzeichen ist der ausgeprägte Wunsch nach geistiger Stimulation kennzeichnend, mit der Gefahr von Depressionen, wenn diese Bedürfnisse nicht erfüllt werden.

Unbesetzte Qualitäten

Nach Durchsicht der 400 Horoskope meiner Sammlung war ich überrascht, daß im Vergleich zu unbesetzten Elementen verhältnismäßig wenig Fälle von unbesetzten Qualitäten vorhanden sind. Natürlich ist hier ein Unterschied zu erwarten – bei einer unbesetzten Qualität handelt es sich darum, daß ein Viertel des Horoskops unbesetzt ist, im Gegensatz zum Element, das ein Drittel des Horoskops umfaßt. Was nun die kardinale und die fixe Qualität angeht, kam es zu ähnlichen Ergebnissen wie bei der passiven beziehungsweise negativen Polarität.

Unbesetzte Qualitäten:

keine kardinalen Plazierungen	3	(weniger als 1%)
keine fixen Plazierungen	3	(weniger als 1%)
keine veränderlichen Plazierungen	8	(etwa 2 %)

Tabelle 1

Ein interessanter Faktor, der aus dieser Untersuchung hervorging, war der folgende: Obwohl nur ein Viertel der Horoskope meiner Sammlung zu berühmten Persönlichkeiten gehört, stammten zwei der drei Fälle ohne kardinale Plazierungen und einer der drei Fälle ohne fixe Plazierungen aus dieser Gruppe. Bei den veränderlichen Plazierungen war es allerdings nur einer der insgesamt acht Fälle.

Auswertend ist hier zu sagen, daß keine Plazierungen in der veränderlichen Qualität doppelt so häufig sind wie die Fälle von unbesetzter kardinaler oder fixer Qualität. Der Mangel an kardinaler oder fixer Energie scheint dabei eine besondere Steigerung von individuellen Gaben und Fähigkeiten anzuzeigen.

Drei Personen, bei denen ein Mangel an kardinalen oder fixen Plazierungen besteht, sind sehr bekannt. Man würde nicht denken, daß es ihnen im Horoskop an der betreffenden Qualität mangelt – gerade das Gegenteil wäre zu erwarten. Sowohl bei Bob Dylan als auch bei Mick Jagger stehen keine Planeten in kardinaler Qualität. Bei Sean Connery ist die fixe Qualität nicht besetzt. Kaum jemand dürfte bezweifeln, daß die Eigenschaften, wie sie für gewöhnlich mit kardinaler Energie in Verbindung gebracht werden – Selbstbewußtsein, Enthusiasmus und die Ausrichtung auf selbstgesteckte Ziele –, bei Bob Dylan und Mick Jagger sehr wohl gegeben sind. Keiner der beiden wäre so erfolgreich, wenn es ihm an Antriebskraft und innerer Überzeugung, wie sie mit der kardinalen Qualität einhergehen, gefehlt hätte. Sean Connery wiederum verfügt über eine Ausstrahlung, die Beständigkeit und Bestimmtheit verrät.

Man könnte schlußfolgern, daß unbesetzte Qualitäten – so selten sie auch vorkommen mögen – von ebenso großer Wichtigkeit sind wie leere Häuser oder Zeichen oder Faktoren, die im Horoskop fehlen. Auch hier haben wir es mit Fähigkeiten und/oder mit Lektionen zu tun, die in der Vergangenheit gelernt worden sind. Der Mensch, der im Horoskop keine Planeten in kardinaler, fixer oder veränderlicher Stellung hat, besitzt automatisch die entsprechenden Eigenschaften im Übermaß. Diese sind ihm ohne weiteres zugänglich, sie können in seinem Alltag sofort Anwendung finden, auf bewußte oder unbewußte Art. Diese Menschen müssen nicht daran arbeiten, die betreffenden Charaktereigenschaften auszubilden (zumindest solange nicht, bis Planeten im Transit oder in der Progression auf unbesetzte Horoskopbereiche einzuwirken beginnen).

Wenn es an einer der drei Qualitäten mangelt, gewinnen die beiden anderen damit an Wichtigkeit. In dieser Beziehung sind dann viele Lektionen zu lernen, was den richtigen Ausdruck der Energie angeht. Im Idealfall sollte es zwischen diesen beiden Qualitäten zu einem Zustand der Ausgewogenheit kommen, in der Realität aber dominiert zumeist eine Qualität, was problematisch sein kann. Wenn eine Qualität im Übermaß vorhanden ist, hat der Mensch Schwierigkeiten damit, sie zu kontrollieren. Es wird dann einige Zeit dauern, bis er verstanden hat, was mit den betreffenden Zeichen und Häusern verbunden ist.

Unbesetzte kardinale Qualität

Es gibt in meiner Sammlung nur drei solcher Fälle. Man könnte erwarten, daß diese Charakteristik häufiger in den Horoskopen von Berühmtheiten als bei gewöhnlichen Menschen vorkommt. Die Eigenschaft der Selbstbezogenheit und das Bedürfnis, an erster Stelle zu stehen, das bei kardinalen Menschen vorherrscht, sind nicht leicht zu kontrollieren, ·und die Lektionen, die damit zusammenhängen, sind schwierig zu lernen. In der Tat stammen zwei der drei Fälle, die mir hier bekannt sind, aus der Kategorie «berühmte Persönlichkeiten» (welche ein Viertel des Gesamtbestandes ausmacht). Die wenigen Menschen, die beim vollständig positiven Einsatz der kardinalen Energie zur Erfüllung finden, haben sich wahrhaftig das Recht verdient, an erster Stelle zu stehen und für ihren Erfolg bewundert zu werden.

Wenn in diesem Fall die fixe Energie vorherrscht, kann damit die Tendenz zu Dickköpfigkeit, viel Eigensinn, eine mangelhafte Anpassungsfähigkeit, die Fixierung auf Gewohnheitsmuster, Voreingenommenheit und eine übermäßige Ausrichtung auf das Sexuelle verbunden sein. Ist die veränderliche Energie stärker, ist der Mensch umgänglicher und liebenswürdiger, dabei aber auch launischer und nicht so hartnäckig im Verfolgen seiner Ziele.

Unbesetzte fixe Qualität

Ein vollständiger Mangel an fixer Qualität beziehungsweise an Beharrungsvermögen könnte auf den ersten Blick als großes Problem erscheinen. Bei der enormen Standhaftigkeit aber, wie sie Sean Connery verkörpert, wird uns klar, daß der Mangel an fixer Qualität die Fähigkeit verleiht, bis zum Ende bei einer Sache zu bleiben. Diese Menschen haben in ihren früheren Existenzen gelernt, daß man Zähigkeit und Ausdauer beweisen muß, um etwas Nennenswertes zu leisten. Eine Betonung von kardinalen Zeichen fördert dies noch – diese Person ist dazu imstande, die höchsten Gipfel innerhalb ihrer Karriere zu erreichen, muß sich dabei aber vor Selbstsucht, übertriebenem Enthusiasmus und vor Eitelkeit in acht nehmen. Herrschen in diesem Fall veränderliche Zeichen vor, haben wir es womöglich mit einem Menschen zu tun, der sehr unbeständig und wankelmütig ist, sich allerdings gut anpassen und alle Seiten berücksichtigen kann.

Unbesetzte veränderliche Qualität

Wenn auch ein gewisses Ausmaß von veränderlicher Qualität im Horoskop als wünschenswert gilt, wird doch das Übermaß derselben häufig als Zeichen von Schwäche gesehen. Allgemein hat es den Anschein, daß sehr kardinale oder fixe Menschen und auch Personen ohne Planeten in kardinalen oder fixen Zeichen erfolgreicher und bekannter in ihrem Bereich sind als Personen mit einer starken Betonung der veränderlichen Qualität. Meine Beispielfälle scheinen dies zu stützen. Die acht Menschen, die mir hier bekannt sind, erwecken nicht den Anschein besonderer Stärke oder Effektivität wie die sechs Fälle mit unbesetzter kardinaler oder fixer Qualität.

Sieben der mir bekannten acht Personen sind Menschen aus der allgemeinen Öffentlichkeit, bei der achten handelt es sich um die junge Prinzessin Eugenie, die Tochter von Prinz Andrew und Sarah Ferguson – welche jetzt natürlich noch zu jung ist, als daß man etwas zu den Auswirkungen der unbesetzten veränderlichen Qualität schreiben könnte. Kennzeichnend für diesen Mangel ist aber allgemein die Fähigkeit, sich anzupassen und mit der Zeit zu gehen. Dies wird manchmal nicht auf den ersten Blick deutlich, was besonders dann gilt, wenn die fixe Qualität im Horoskop vorherrscht. Die veränderliche Qualität hat etwas Ungreifbares und Dualistisches, wie auch die Zeichen, die zu ihr gehören (Zwillinge, Jungfrau, Schütze und Fische). Sie sollte am besten als Ergänzung zu kardinalen und fixen Eigenschaften gesehen werden, weniger als eigenständige Stärke.

Menschen mit vielen oder mit keinen Planeten in veränderlichen Zeichen besitzen Talente, die erst in Verbindung mit anderen Personen richtig zur Geltung kommen. Dabei spielt keine es Rolle, daß diese Gaben ohne besondere Umstände zum Ausdruck gebracht werden können. Menschen mit einer solchen Horoskopkonfiguration zeichnen sich häufig durch eine magnetische Anziehungskraft aus, sind dabei aber schwer zu verstehen. Dies ist ein Faktor, der in Zusammenhang mit den kardinalen und fixen Eigenschaften gesehen werden muß. Herrscht im Horoskop die kardinale Energie vor, haben wir es mit einer starken, lebhaften und hilfsbereiten Persönlichkeit zu tun, aber auch mit jemandem, der auf sich selbst bezogen ist und kein Auge für die inneren Bedürfnisse der anderen hat. Die Dominanz fixer Energie legt in diesem Falle nahe, daß der Mensch willensstark und entschieden vorgeht und nicht von seinem Zielen abzubringen ist. Wenn sehr viel mehr fixe als kardinale Energie vorhanden ist, könnte die Person im Leben traumatische Erfahrungen machen, welche zumeist aus negativen Gewohnheitsmustern resultieren dürften.

Unbesetzte Elemente

Hierbei handelt es sich um ein durchaus verbreitetes astrologisches Phänomen. Meine Sammlung von 400 Horoskopen umfaßt 79 Fälle, in denen ein Element nicht besetzt ist. Die Verteilung ist dabei wie folgt.

Verteilung der Fälle von unbesetzten Elementen:

Kein Planet in Feuer	5	
Kein Planet in Erde	36	
Kein Planet in Luft	25	
Kein Planet in Wasser	13	
(Summe)	79	Tabelle 2

Dies bedeutet, daß bei fast 20 Prozent der Horoskope ein Element nicht besetzt ist. Diese Zahl ist im Vergleich zu der Quote der Fälle von unbesetzten Qualitäten erstaunlich hoch. Zumindest zum Teil kann das durch die Stellung der äußeren Planeten erklärt werden.

Anzahl der Jahre zwischen 1900 und 1990, in denen
mindestens ein äußerer Planet in dem betreffenden Element stand

Feuer	65
Erde	41
Luft	50
Wasser	71

Tabelle 3

Tabelle 3 gibt an, in wie vielen Jahren des Zeitraums von 1900 bis 1990 einer oder mehrere der äußeren Planeten in dem betreffenden Element stand. Auf der Basis dieser Werte würde man erwarten, daß es zum Beispiel eher bei Wasser als bei Feuer dazu kommt, daß das Element nicht besetzt ist. Tatsächlich gibt es doppelt so viele Fälle von Horoskopen ohne Planeten in Wasser als in Feuer.

Es war des weiteren faszinierend zu erkennen, daß unbesetzte Elemente im Horoskop fast doppelt so häufig wie Große Trigone sind (79 zu 44). Große Trigone können in mancher Hinsicht ähnlich wie unbesetzte Elemente gesehen werden (sie stellen in der Tat eine Vorstufe dazu dar). Die Energie, die von diesen verheißungsvollen Konfigurationen angezeigt wird, ist sehr positiv (spricht allerdings nicht unbedingt für viel Selbstsicherheit) und bewußt, im Gegensatz zu den eher hintergründigeren esoterischen Merkmalen, wie sie mit unbesetzten Elementen verbunden sind. Große Trigone, die auf eine weise Art benutzt werden, sind die Ausgangsbasis von unbesetzten Elementen in zukünftigen Leben.

Wenn wir die Anzahl der Großen Trigone und der unbesetzten Elemente gemäß der Verteilung auf Männer und Frauen sowie auf berühmte und nicht-berühmte Personen aufteilen, ergeben sich weitere interessante Faktoren.

Verteilung von Horoskopen mit Großen Trigonen und unbesetzten Elementen auf Männer/Frauen und berühmte/nicht berühmte Persönlichkeiten:

Große Trigone:

	Insgesamt	Männer	Frauen
Feuer	17	13	4
Erde	8	5	3
Luft	8	2	6
Wasser	11	1	10

Berühmte Personen: 7. Nicht berühmte Personen: 37.

Unbesetzte Elemente:

	Insgesamt	Männer	Frauen
Feuer	5	2	3
Erde	36	14	22
Luft	25	11	14
Wasser	13	4	9

Berühmte Personen: 11. Nicht berühmte Personen: 69.

Tabelle 4

Wenn wir diese Zahlen auswerten, ist es interessant festzustellen, daß die Elemente Feuer und Wasser bei den Großen Trigonen überwiegen, während sie bei den unbesetzten Elementen die geringste Zahl von Nennungen aufweisen. Beim Vergleich von Horoskopen von Männern und Frauen zeigte sich, daß mehr Männer Große Trigone im Element Feuer und Erde haben (obwohl meine Sammlung insgesamt mehr Horoskope von Frauen als von Männern enthält). Was die unbesetzten Elemente betrifft, fehlte Feuer bei den Männern (zwei Fälle) fast ebenso häufig wie bei den Frauen (drei Fälle). Insgesamt erwies sich das Element Luft als das ausgewogenste. Was das Element Wasser angeht, gab es sowohl bei dem Großen Trigon als auch bei der nicht besetzten Stellung mehr Fälle beim weiblichen Geschlecht. Insgesamt scheinen die Resultate die Vorstellung zu stützen, daß Feuer und Luft mit dem Männlichen zusammenhängen und aktiv sind. Wasser und Erde dagegen wären als feminin und passiv anzusehen.

Mit Blick auf die Verteilung der Fälle zwischen berühmten und nicht berühmten Persönlichkeiten ist festzuhalten, daß sich beide Male nicht das rechnerisch zu erwartende Ergebnis von 25 Prozent ergab. Näher an diesem Wert liegt die Kennzahl der Großen Trigone – was wohl die These unterstützt, daß die Großen Trigone öffentlichen Erfolg begünstigen, im Gegensatz zu den unbesetzten Elementen, die mit Eigenschaften einhergehen, welche eher im Verborgenen liegen.

Es liegt nahe, dem Menschen, bei dem ein Element im Horoskop unbesetzt ist, einen Mangel an diesbezüglichen Eigenschaften zu unterstellen. So mangelte es Adolf Hitler am Element Wasser im Horoskop – und es war recht deutlich, daß er nicht über die Fähigkeit verfügte, sich auf emotionaler Ebene mit anderen zu verbinden (trotz der Tatsache, daß er ein sehr emotionaler Redner war). Vincent van Gogh hatte keine Planeten im Element Luft in seinem Horoskop – seine Schüchternheit und seine Schwierigkeiten, mit anderen zu kommunizieren, sind bekannt. Es gibt aber wieder andere Fälle, bei denen es anders liegt. Bei Margret Thatcher ist das Element Erde im Horoskop nicht besetzt, und doch ist sie eine praktisch ausgerichtete Person mit viel sogenanntem gesundem Menschenverstand und mit einem gewissen Dogmatismus. Auch Chris Evert-Lloyd, eine der zähesten und ausdauerndsten Tennisspielerinnen der 80er Jahre, hat in ihrem Horoskop keine Planeten im Element Erde.

Einige Astrologen haben die Vermutung aufgestellt, daß Menschen, bei denen ein Element im Horoskop nicht besetzt ist, versuchen, den Mangel an diesbezüglichen Eigenschaften auf eine manchmal exzessive Weise zu kompensieren. Ich persönlich glaube das nicht. Wenn wir bei der allgemeinen Interpretation von der planetarischen Energie gemäß der Zeichen und Häuser ausgehen, muß es doch außerordentlich schwerfallen, Merkmale zum Ausdruck zu bringen, die im Horoskop gar nicht angelegt sind. Die Stellung von Planeten in Häusern, die dem entsprechenden Element zuzurechnen sind, könnte hier dabei helfen, die Energie nach außen zu bringen, allerdings auf eine weniger direkte Art und Weise. Aus karmischer Sicht geht es bei den widersprüchlichen Faktoren der unbesetzten Elemente jedenfalls darum, daß der Mensch die Eigenschaften dieses Elementes in reichlichem Maße zur Verfügung hat. Es ist leicht zu erkennen, daß manche dieser Menschen gar nicht wissen, daß sie diese Charaktermerkmale besitzen, was daran liegt, daß die betreffenden

Züge ihrem Unbewußten auf einer so tiefen Ebene eingeprägt sind. Andere dagegen, die mit ihrem inneren Wesen mehr in Verbindung stehen, erkennen ihre inneren Gaben und bringen diese in ihrem Leben zum Ausdruck. Einige haben damit im Äußerlichen Erfolg, andere wieder – diejenigen, die ihre karmischen Bedürfnisse ignorieren – müssen ohne äußere Anerkennung auskommen.

Auf der bewußten Ebene ist alles, was mit unbesetzten Horoskopbereichen oder -faktoren zu tun hat, schwer in den persönlichen Charakter zu integrieren. Nur dann, wenn wir uns dem unbewußten, subtilen Fluß der Energie hingeben, können wir von den Erfahrungen und den Gaben in unserem Inneren profitieren, die aus unseren früheren Leben stammen. Es ist dabei notwendig, daß wir die hier angezeigten Talente niemals auf eine mißbräuchliche Weise zum Einsatz bringen. Damit würden wir einen großen Schatz an Weisheit und Wissen verlieren, auf den wir dann in zukünftigen Existenzen nicht mehr zurückgreifen könnten. Unbesetzte Elemente oder Qualitäten stehen dafür, uns Unterstützung zu geben, wenn wir diese nötig haben. Sie sind nicht dafür da, uns zu einem sorglosen und bequemen Dasein zu verhelfen. Unbesetzte Elemente im Horoskop lassen darauf schließen, daß die Person eine bestimmte Stufe der karmischen Entwicklung erreicht hat. Dem zugrunde liegt der Wunsch, karmisch auf eine höhere Ebene zu gelangen.

Unbesetztes Feuer-Element

Bei meiner Untersuchung hat sich ergeben, daß Feuer als unbesetztes Element am seltensten war. Der allgemeinen Annahme nach müßte dies einen Mangel an Antriebskraft und Enthusiasmus beziehungsweise einen Menschen bedeuten, dem es schwerfällt, die Initiative zu ergreifen. Bei der Überkompensation dagegen wären die gegenteiligen Merkmale in einem exzessiven Ausmaß zu erwarten. Keiner meiner fünf Fälle aber scheint sich auf diese Weise auszuwirken. Die einzige berühmte Persönlichkeit ist hier Ronald Reagan – ein Mann, der seine Feuer-Eigenschaften nur dann gezeigt hat, wenn es unbedingt erforderlich war. Die Tatsache, daß er im Horoskop keine Planeten im Element Feuer hat, hielt ihn nicht davon ab, auf verschiedenen Lebensgebieten sehr erfolgreich zu sein. In der Tat dürfte es sich so verhalten haben, daß die mit einem unbesetzten Feuer-Element verbundene innere Stärke ihm Zuversicht und Selbstzufriedenheit beschert hat. Ein weiterer berühmter Fall ist D. H. Lawrence (Horoskop S. 122).

Menschen mit unbesetztem Feuer-Element sind selten sehr temperamentvoll (solange sie nicht dieses Element auf eine mißbräuchliche Weise einsetzen). Sie verfügen aber über eine magnetische Anziehungskraft, über Selbstsicherheit und Unternehmungsgeist. Die Eigenschaft des Selbstbewußtseins und eine Ausstrahlung der Ausgewogenheit ist speziell dann gegeben, wenn Luft das vorherrschende Element ist. Eine starke Betonung von Wasser oder Erde dagegen mit nur wenig Luft bedeutet viel Unausgewogenheit gegenüber der passiven Polarität. Dies könnte unter Umständen Gefühle der Unsicherheit, Schüchternheit oder emotionale Abhängigkeit bedeuten.

Unbesetztes Erd-Element

Erde ist bei der von mir durchgeführten Untersuchung das am häufigsten nicht besetzte Element. Selbst dann, wenn man noch andere äußerliche Faktoren mit in Rechnung stellen oder eine größere Anzahl von Horoskopen untersuchen würde, wäre dieses Ergebnis zu erwarten. Warum ist das so, worin liegt der Grund dafür, daß das Element Erde so deutlich dominiert?

Vielleicht ist die Ursache darin zu sehen, daß es sich hier um das Element handelt, dem wir uns am stärksten verbunden fühlen. Es ist konkreter, materieller und körperlicher als die anderen drei Elemente (insbesondere Feuer und Luft sind in ihrem Wesen von sehr viel abstrakterer Art). Wir sind unser ganzes Leben lang von materiellen Komponenten des Erd-Elementes umgeben – von Gebäuden, von Land, von Strukturen, Geld, Besitztümern sowie von der Essenz von Erde überhaupt: der Natur. Gleichgültig, ob bei uns nun Planeten in Erdzeichen stehen oder nicht – jeden Tag erfahren wir aufs neue, wie wichtig dieses Element ist. Seine Lektionen dürften aus diesem Grunde relativ leicht zu lernen sein. Aller-

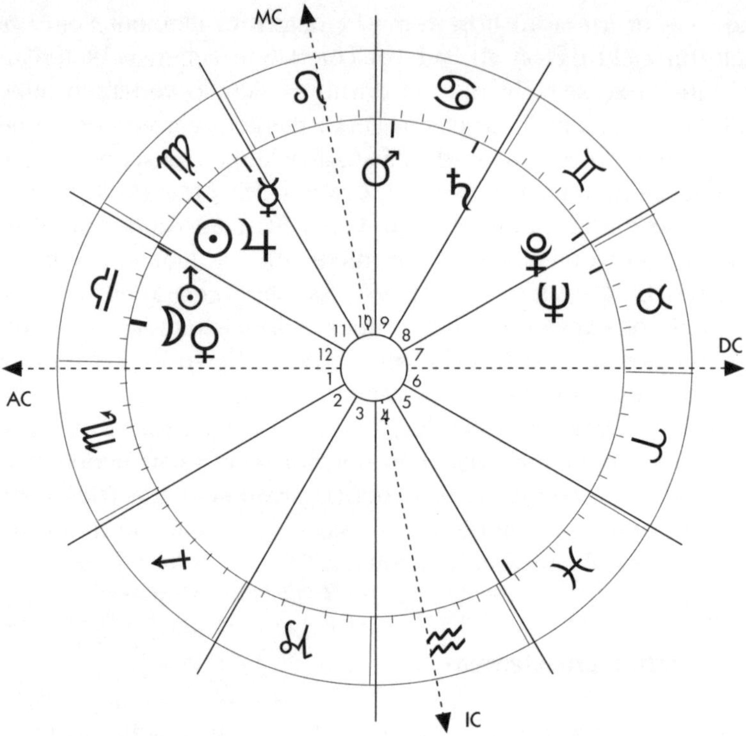

D. H. Lawrence, 11. 9. 1885, 21.45 Uhr in Nottinghamshire, England

☉ 18° ♍	☿ 04° ♍	♂ 26° ♋	♄ 07° ♋	♆ 09° ♉
☽ 21° ♎	♀ 22° ♎	♃ 16° ♍	⛢ 02° ♎	♇ 07° ♊

AC 01° ♏, MC 13° ♌, Äquale (gleich große) Häuser

Aspekte
☉☌♃ / △♆ • ☽☌♀ / □♂ • ☿⚹♄ / ⚺⛢ / □♇ • ♀□♂ • ♂⚹♆ •
♄□⛢ • ⛢△♆ / △♇

Unbesetzte Horoskopbereiche, Qualitäten oder Elemente
Anzahl der unbesetzten Häuser: 7
Keine Planeten im Element Feuer
Anzahl der Aspekte: 12
Keine Quinkunx-Aspekte oder Oppositionen
Jupiter nur ein Aspekt (Konjunktion zur Sonne)

dings handelt es sich hier auch um das, was wir am schwersten behalten. Ist das Element Erde im Horoskop nicht besetzt, hat der Mensch Mittel und Gaben zur Verfügung, sein Leben stabil zu gestalten und materiell abzusichern. Diese Personen befinden sich im Einklang mit der Erde. Wenn sie dies allerdings nicht auf einer positiven Ebene nach außen hin deutlich werden lassen, handeln sie ihren innerlichen Bedürfnissen zuwider oder mißbrauchen diese gar. Es ist nicht schwer, das Element Erde zu mißbrauchen – wir alle tun dies Tag für Tag durch Umweltverschmutzung und die Zerstörung der natürlichen Ressourcen unseres Planeten in großem Umfang.

Es hat mich nicht überrascht zu sehen, daß die meisten der 36 Fälle von unbesetztem Erd-Element zu Menschen gehören, die sich durch einen mehr oder weniger materialistischen Blick auf das Leben auszeichnen. Einige dieser Personen sind wohlhabend oder zumindest finanziell so gut gestellt, daß sie sich keine Gedanken mehr über ihre Situation machen müßten (was sie aber dennoch tun). Über die Hälfte der Fälle sind Menschen, welche bei ihrer Arbeit mehr oder weniger direkt mit Geld, Land oder mit festen Strukturen zu tun haben. Ob diese Personen die angesprochene Horoskopkonfiguration positiv und erfolgreich zum Einsatz bringen oder nicht, ist abzulesen an ihrer Fähigkeit, finanzielle und materielle Angelegenheit mit Geschick und Kompetenz zu regeln.

Der wahrhaft weise Mensch ohne Planeten im Element Erde ist nicht auf Besitz und physische Substanz aus. Eifert man diesen Dingen nach, mißbraucht man seine karmischen Gaben und Fähigkeiten. Geld und materieller Erfolg kommen automatisch zu diesen Personen, vorausgesetzt, sie lassen Raum dafür und lösen sich von ihren erdhaften Instinkten. Auf der anderen Seite sollten sich diese Menschen immer bewußt sein, welche Früchte aus einer positiven Einstellung zum Materiellen hervorgehen. Wie immer handelt es sich auch hier um eine Gratwanderung zwischen dem wahren Ziel des Lebens und einer Haltung der Unausgewogenheit, die zu Verlusten oder zu Destruktion führen kann. Margret Thatcher und Chris Evert-Lloyd – beide mit einem Horoskop, das beileibe nicht einfach ist – haben die Energie, die bei ihnen durch das unbesetzte Element Erde gegeben ist, recht erfolgreich eingesetzt. Bei Marilyn Monroe und Wolfgang Amadeus Mozart dagegen, die ebenfalls diese Konfiguration im Horoskop aufwiesen, scheint diese Gratwanderung im Leben mehr Probleme bereitet zu haben.

Unbesetztes Luft-Element

Ich war sehr überrascht, als ich feststellte, daß Luft nach Erde das am zweithäufigsten unbesetzte Element der 400 Horoskope darstellt. Aus einer materialistischen Betrachtung heraus hätte ich gedacht, daß es hier weniger Fälle geben würde – weil Luft doch das Flüchtigste und Ungreifbarste aller Elemente ist. Luft ist zwar überall um uns herum, sie stellt einen lebensnotwendigen Faktoren dar, ohne den wir nicht existieren können – sie ist aber unsichtbar und unkontrollierbar. Damit verhält es sich anders als bei Feuer, Erde und Wasser, welche wir sehen und notfalls auch kontrollieren können. Der Mangel an physischer Substanz im Element Luft ist der Grund dafür, daß es schwieriger zu verstehen ist als Feuer, Erde und Wasser. Damit ist in karmischer Betrachtung auch angezeigt, daß es nicht leicht ist, sich auf diesem Gebiet auszuzeichnen. Und doch ist es so, daß mehr Menschen sich gegenüber den Problemen, wie sie mit diesem Element verbunden sind, behauptet haben als gegenüber den subtileren Schwierigkeiten von Feuer und Wasser.

Gemäß der überlieferten astrologischen Interpretation steht ein Mangel an Planeten im Element Luft für Probleme bei der Kommunikation und dafür, daß man anderen nicht seine Vorstellungen vermitteln kann. Bestimmt gibt es Menschen mit unbesetztem Element Luft, die Schwierigkeiten in diesen Lebensbereichen haben – bei einigen der 25 Fälle aus meiner Sammlung trifft dies auf augenfällige Weise zu. Es gibt hier aber auch das Horoskop von Prinz Andrew, der jemand ist, dem das Kommunizieren nicht schwerfällt, und die Fälle von einigen Schriftstellern und Autoren. Das Schreiben stellt eines der Hauptgebiete der Kommunikation dar, und man würde nicht unbedingt vermuten, daß der Mensch ohne Planeten im Element Luft seine Ideen klar und deutlich zu Papier bringen kann.

Wie bei den anderen Fällen von unbesetzten Elementen auch gibt es hier widersprüchliche Auswirkungen. Ein unbesetztes Element im Horoskop ist genauso schwierig zu analysieren wie ein Zeichen oder Haus, in dem sich Planeten befinden. In beiden Fällen kann es in positiver oder negativer Weise zu Extremen kommen. Die positive Ebene scheint aber immer auf der Anhäufung und der kontrollierten Anwendung von karmischem Wissen zu beruhen. Menschen, die ein unbesetztes Luft-Element «geerbt» haben, scheinen etwas ganz besonderes gemeistert zu haben: den Geist. In der heutigen technisch und materiell ausgerichteten Welt kommt es oft dazu, daß der Materie die Herrschaft über den Geist gegeben wird – was es dem Menschen mit unbesetztem Luft-Element schwer macht, seiner karmischen Verpflichtung gerecht zu werden. Die Fähigkeiten und Talente, wie sie vom Element Luft angezeigt sind, sollten auf eine kluge und mäßige Weise eingesetzt werden, in Verbindung mit dem betonten Horoskop-Element. Wenn Feuer gegenüber den Elementen Wasser und Erde vorherrscht, ist der Mensch dazu imstande, sich kommunikativ gut zum Ausdruck zu bringen (dies gilt insbesondere dann, wenn das Schützezeichen stark gestellt ist). Wenn Erde oder Wasser stärker als Feuer gestellt sind, könnte der Mensch die Erfahrung machen, daß materielle Faktoren ihn beschränken oder daß Emotionen ihn kontrollieren.

Unbesetztes Wasser-Element

Bei allen drei Zeichen des Elementes Feuer, wie sie von den maskulinen Planeten Mars, Sonne und Jupiter beherrscht werden, ist ein vollständig aktiver und positiver Ausdruck gegeben. Auf die gleiche Weise haben wir es bei den drei Wasserzeichen – regiert von Mond, Pluto und Neptun – mit einer grundsätzlich passiven beziehungsweise negativen Prägung zu tun. Wasser stellt den polaren Gegensatz zu Feuer dar, so wie auch die komplementären Paare Sonne/Mond, Yin/Yang, schwarz/weiß und so weiter einen Gegesatz symbolisieren. Bei den verbleibenden zwei Elementen Luft und Erde tritt die Polarität von maskulin und feminin nicht so deutlich zutage – bei beiden Elementen gibt es ein Zeichen, das vom androgynen Planeten Merkur beherrscht wird. Der sehr feminine Planet Venus macht alles noch komplizierter, er regiert das maskuline Zeichen Waage. Bei Feuer und Wasser kommt es interessanterweise viel seltener als bei Luft und Erde dazu, daß keine Planeten darin zu finden sind. Könnte es so sein, daß die Lektionen von vollständiger Objektivität (Feuer) und absoluter Subjektivität (Wasser) die schwersten von allen sind? Wenn wir hier noch in Rechnung stellen, daß das Große Trigon die Ausgangsbasis für unbesetzte Element darstellt, ist die Überlegung nicht von der Hand zu weisen, daß es Männern schneller gelingt, die Lektionen des Feuer-Elementes zu lernen, während die Frauen besser mit dem zurechtkommen, was mit dem Wasser-Element verbunden ist.

Männer mit unbesetztem Wasser-Element und Frauen mit unbesetztem Feuer-Element sind ganz besondere Menschen mit hohen karmischen Pflichten, denen sie in diesem Leben unbedingt gerecht werden müssen. Man könnte hier zunächst den Eindruck haben, daß es an den Fähigkeiten des entsprechenden Elementes fehlt – in Wirklichkeit aber sind diese Menschen in der Lage, sich der betreffenden Eigenschaften in beliebiger Weise zu bedienen. Adolf Hitler war eine derartige Person. Die Tatsache, daß bei ihm keine Planeten im Element Wasser standen, wurde als Grund vieler seiner Greueltaten und seiner Unfähigkeit, warme, liebevolle Verbindungen herzustellen, angesehen. Statt seine besonderen Gaben der Intuition und des Mitgefühls in Verbindung mit dem Wasser-Element einzusetzen, scheint Hitler seine diesbezüglichen Talente und Fähigkeiten vollständig verdrängt zu haben. Er hatte dem Anschein nach Angst, die extrem feminine Psyche nach außen hin erkennbar werden zu lassen. Er mißbrauchte seine besonderen Eigenschaften, indem er sie unterdrückte.

Ein anderer Mißbrauch des Wasser-Elementes in meiner Sammlung ist bei dem Mann gegeben, der sich dafür entschieden hat, als Frau zu leben. Diese Person ist unfähig, die passiven Eigenschaften, die sie sich innerhalb einer früheren Existenz erarbeitet hat, nun auf kluge Art zum Einsatz zu bringen. Dieser Mann hat außergewöhnliche psychische Talente; er ist intelligent und zweifellos eine «alte Seele» – der Mißbrauch des Wasser-Elementes aber, wie er in seinem Falle gegeben ist, wird für die Zukunft negative Auswirkungen haben. Wenn jemand, bei dem das Element Wasser im Horoskop unbesetzt ist, über starke Feuer-Plazierungen verfügt, ist damit ein großes Ungleichgewicht verbunden, das viel Aufmerksamkeit erfordert. Der Mensch, der keine Planeten in Wasser hat, ist schnell zu Tränen gerührt; er erweckt damit den Anschein, überempfindlich zu sein. Oftmals denkt man von ihm, daß er in einem Wasserzeichen geboren ist. In diesem Fall ist es dann so, daß er die Gaben und Eigenschaften, die mit dem unbesetzten Element Wasser einhergehen, nicht auf eine weise oder positive Art nutzt.

Kapitel 5

Unaspektierte Planeten

Über die letzten zehn Jahre hinweg bin ich zu der Schlußfolgerung gelangt, daß unaspektierte Planeten nicht – wie manche Astrologen uns glauben machen wollen – nebensächliche Horoskop-Komponenten sind, sondern im Gegenteil eine außerordentliche Bedeutung für die astrologische Interpretation haben. Sie sollten immer mit Sorgfalt untersucht werden, auf allen Ebenen der astrologischen Analyse, ganz besonders aber im Geburtshoroskop.

Wann ist ein Planet unaspektiert?

Wenn man es ganz genau nimmt, gibt es keinen unaspektierten Planeten. Zieht man die vielen Nebenaspekte in Betracht, wie sie in der Astrologie berücksichtigt werden, ist es so gut wie unmöglich, daß ein Planet keine Verbindung zu den anderen Planeten des Horoskops hat. Ich bin aber der Meinung, daß die meisten der Nebenaspekte für die allgemeine Interpretation nicht sehr bedeutsam sind. Ausnahmen stellen für mich hier das Halbquadrat und das Quintil dar. Die Berücksichtigung von zu vielen Nebenaspekten verdunkelt nur das Bild und macht die Interpretation problematischer.

Alle Astrologen stützten sich auf die vier Hauptaspekte, die sich als besonders bedeutungsvoll erwiesen haben, nämlich die Konjunktion, das Quadrat, das Trigon und die Opposition. Die meisten Astrologen nehmen noch das Sextil dazu, und viele –

darunter ich – berücksichtigen zusätzlich die Aspekte, die auf Gradzahlen beruhen, welche sich durch 30 teilen lassen (Halbsextil und Quinkunx). Diese sieben Aspekte bilden das Rückgrat der astrologischen Interpretation der Aspekte. In diesem Kapitel wird ein Planet dann als unaspektiert angesehen, wenn keiner dieser Aspekte gegeben ist (wenn nicht anders erwähnt). Einige Astrologen verzichten bei der Analyse von Aspekten auf das Halbquadrat und das Quinkunx, wodurch sich die Anzahl von unaspektierten Planeten beträchtlich erhöhen würde. Ich finde das aber voreilig. Meiner Ansicht nach sind diese beiden Aspekte – und ganz besonders das Quinkunx – für die Interpretation sehr wichtig. In meinem Horoskop gibt es nicht weniger als fünf genaue Quinkunx-Aspekte, welche dem Anschein nach zwar auf untergründige, nichtsdestotrotz aber intensive Weise wirken.

Wenn von einem Planeten kein Hauptaspekt ausgeht, sondern nur ein einziger Nebenaspekt, haben wir es mit einem «fast» unaspektierten Planeten zu tun. Ein solches Horoskopmerkmal ist weit verbreitet. Der Nebenaspekt hat dann eine größere Bedeutung, und er ähnelt in diesem Fall mehr einem Quadrat oder Trigon. Der Energiefluß des betreffenden Planeten ist damit gestärkt. Es kann dann ein ebenso großer Einfluß gegeben sein wie bei einem vollständig unaspektierten Planeten.

Wie schon bei den Qualitäten und den Elementen sollten wir auch hier Aszendent, MC, Glückspunkt sowie alle Schnittpunkte nicht berücksichtigen. Von diesen Punkten geht keine physische Energie aus, womit sie keinen besonderen Einfluß auf die Planeten haben. Natürlich tritt zum Beispiel ein Planet am MC im Rahmen der Persönlichkeit auffälliger in Erscheinung. Das hat seinen Grund aber nur in der besonderen Stellung im Horoskop, nicht darin, daß von der Himmelsmitte (MC) als solcher eine physische Kraft ausgeht.

Über die Aspekt-Orben kann man immer diskutieren. Ich gehe hier von den Werten aus, wie ich sie bei der Berechnung des Horoskops in Anwendung bringe: acht Grad für Konjunktion, Quadrat, Trigon und Opposition, vier Grad für das Sextil und zwei Grad für Halbsextil und Quinkunx.

Die Bedeutung von unaspektierten Planeten

Ein unaspektierter Planet steht in dem betreffenden Zeichen und Lebensbereich für eine reine und unverfälschte Energie. Es gibt hier keine Einschränkungen oder Herausforderungen durch schwierige Aspekte wie beispielsweise Quadrat oder Opposition, aber auch keine Harmonisierung oder Glättung durch Trigone oder Sextile. Ein unaspektierter Planet kann nicht Bestandteil einer umfassenden Aspektkonfiguration, wie vom Großen Trigon oder T-Quadrat sein.* Er ist gewissermaßen unsichtbar, aber präsent und voller Kraft und Glanz. Seine Energie kann mit dem Tier verglichen werden, das sein Gebrüll hören läßt und ungestört von feindlichen Einflüssen sein Leben lebt – aber auch ohne fremde Unterstützung. Zu manchen Zeiten könnte es hart zu kämpfen haben, wodurch es aber nur lernt, für sich selbst die Verantwortung zu übernehmen. Auf diese Weise führt es sein Leben so, wie es von der Natur angelegt worden ist. Wenn wir nun in der Astrologie die unaspektierten Planeten des Horoskops studieren, können wir viel darüber herausfinden, wie die Energie der Planeten innerhalb unseres Charakters zum Ausdruck kommt.

In karmischen Begriffen stellen unaspekierte Planeten Gaben und Fähigkeiten dar, welche auf Verdiensten aus einer früheren Existenz (oder früheren Existenzen) beruhen. Das zeigt dann, daß wir die Lektionen, die mit dem betreffenden Planeten verbunden waren, gelernt und positiv in unsere Persönlichkeit integriert haben. Wie bei allen karmischen Faktoren in Verbindung mit unbesetzten Horoskopbereichen oder -faktoren kommt es schnell dazu, daß man seine besonderen Fähigkeiten und Gaben mißbraucht. Der Mensch mit einem unaspektierten Planeten im Horoskop merkt vielleicht, daß er über eine reine und sehr machtvolle Energie verfügt – die er aber in kluger Weise für seine karmischen Aufgaben nutzen sollte. Ohne die Verbindung zu anderen Planeten könnte es schwerfallen, die Energie positiv einzusetzen. Hiermit ist zu erklären, warum bei dem gleichen unaspektierten Planeten die eine Person klug und umsichtig han-

---

* Das Buch »Schwierige Aspekte« von Tracy Marks, Verlag Hier & Jetzt behandelt speziell die Problematik von T-Quadraten, Quadraten und Oppositionen.

delt und erfolgreich ist und die andere es zuläßt, daß die Energie mit ihr durchgeht und großen Schaden anrichtet.

Unaspektierte Planeten stellen schwere karmische Prüfungen dar. Sie lassen für gewöhnlich erkennen, daß wir es mit einer alten Seele zu tun haben. Sie repräsentieren im allgemeinen das letzte Stadium der karmischen Reise (unbesetzte Horoskophäuser stehen in dieser Beziehung für die ersten Stadien). Es kommt aber leicht dazu, daß wir auf dem karmischen Pfad ausrutschen und zurückgeworfen werden. Der Mensch, der die wunderbaren Gaben und Fähigkeiten in Verbindung mit einem unaspektierten Planeten mißbraucht, könnte in einem zukünftigen Leben sich wieder mit vielen schwierigen Aspekten zu dem betreffenden Planeten konfrontiert sehen und sich mit neuen Lektionen und Hindernissen auseinanderzusetzen haben.

Unaspektierte Planeten kommen im Charakter fast immer deutlich zum Ausdruck. Die entsprechende Energie fließt überreichlich (ungeachtet des Zeichens und Hauses, in dem sie zum Ausdruck kommt), und häufig ist sie es, die den Menschen beherrscht. Man könnte zum Beispiel die Person mit einem unaspektierten Merkur leicht für einen Zwilling halten, selbst in dem Fall, daß bei ihr kein einziger Planet in diesem Zeichen steht. Bevor ich die unaspektierten Planeten zu studieren begann, war ich manchmal verwirrt und enttäuscht, daß ich bei der Aura mancher Menschen trotz aller Stärke eines bestimmten Zeichens oder Planeten nach Berechnung des Horoskops feststellen mußte, daß der betreffende Einflußfaktor nicht in Erscheinung trat. Die Beschäftigung mit den unaspektierten Planeten eröffnete mir hier neue Perspektiven.

Ich entdeckte, daß der als plutonisch oder skorpionisch eingeschätzte Mensch, der keine Planeten im Zeichen Skorpion oder im 8. Haus sowie einen vermeintlich «schwachen» Pluto im Horoskop hatte, eine Stellung dieses Planeten ohne Aspektierung aufwies. Das Kind, das in seinem Verhalten und Erscheinungsbild eine typische Fische/Neptun-Persönlichkeit war, erwies sich dann später, als ich es nach einer Reihe von Jahren wiedersah, zwar als Löwe ohne Planeten im Element Wasser, hatte aber einen unaspektierten Neptun im Horoskop. Mein Sohn, der, ohne es zu wollen, der Ausgangspunkt meiner Studien zu unaspektierten Planeten war, strahlte schon in jungen Jahren die Eigenschaften eines unaspektierten Mondes in Reinkultur aus: Fürsorge, Mitgefühl und eine sehr feine Sensibilität. Das Zeichen Steinbock, in dem sein Mond steht (direkt am Aszendenten), scheint hier in den Hintergrund zu treten – sowohl die Persönlichkeit als auch die Erscheinungsweise sind in seinem Fall viel eher lunar als steinbockhaft (wenn auch im Laufe der Jahre die Anforderungen durch Schule und Gesellschaft dazu geführt haben, daß das Fürsorgliche weniger sichtbar geworden ist, zugunsten der Eigenschaften der Ernsthaftigkeit und Vorsicht, wie sie mit dem Steinbock verbunden sind). Wie dem auch sein mag – erfreulicherweise war es mir vergönnt, diesen Fall und noch andere von Menschen mit einem unaspektierten Planeten zu finden, wodurch ich zu einem authentischen Wissen hinsichtlich dieses Untersuchungsgegenstandes gekommen bin.

Es kommt nicht allzu häufig vor, daß im Horoskop ein unaspektierter Planet vorhanden ist. Was meine Sammlung betrifft, gab es bei 400 Horoskopen nur 65 solcher Fälle, was umgerechnet auf die Bevölkerung einen Schnitt von etwa 17 Prozent bedeuten würde. Die Verteilung auf die einzelnen Planeten ist der folgenden Tabelle zu entnehmen.

Horoskope mit unaspektierten Planeten

Sonne	13	Jupiter	7
Mond	7	Saturn	5
Merkur	10	Uranus	4
Venus	6	Neptun	5
Mars	5	Pluto	3

Tabelle 5

Die geringe Anzahl von Nennungen der drei äußeren Planeten erklärt sich durch deren langsame Bewegung und die Dauerhaftigkeit ihrer Aspekte zu den anderen Langsamläufern innerhalb dieses Jahrhunderts. Im Rahmen des Orbis von vier Grad war zum Beispiel, abgesehen von einigen wenigen Unterbrechungen, von Anfang der 40er Jahre an bis weit in die 90er Jahre hinein ein Sextil zwischen Neptun und Pluto gegeben. Das Sextil hat verhältnismäßig «milde» Auswirkungen – wenn es Neptun und Pluto verbindet, handelt es sich dabei um einen «Generationsaspekt», dem bei der Interpretation des individuellen Horoskops nicht zuviel Aufmerksamkeit geschenkt werden sollte (ausgenommen, daß er Bestandteil einer umfassenderen Planeten-Konfiguration wie beispielsweise dem Yod ist). Lassen wir hier das Neptun/Pluto-Sextil außer acht, erhöht sich die Anzahl von Horoskopen mit einem unaspektierten Neptun oder Pluto deutlich – sie steht dann den Werten für Horoskope mit unaspektierten persönlichen Planeten in nichts nach. Auf keinen Fall aber sollten Hauptaspekte zwischen den äußeren Planeten unbeachtet bleiben. Die machtvolle Konjunktion zwischen den Planeten Uranus und Pluto im Zeichen Jungfrau während der Mitte der 60er Jahre hat umwälzende Auswirkungen gehabt.

Die 65 Horoskope mit unaspektierten Planeten wurden wie im vorigen Abschnitt gemäß der Kategorien von berühmt oder nicht berühmt unterteilt (es sei noch einmal daran erinnert, daß 25 Prozent der Horoskope zu berühmten Persönlichkeiten gehören). Das Resultat: 15 Fälle von berühmten Personen zu 50 sonstigen Fällen. Dieses Ergebnis paßt gut zum rechnerisch zu erwartenden Wert (69 durch 4 gleich 17,25). Treffen wir noch weiterhin eine Zuordnung zu den zehn Planeten, ergeben sich einige unerwartete Ergebnisse.

Berühmte Persönlichkeiten mit unaspektierten Planeten

Berühmte Personen	Gesamtzahl der Fälle	Berühmte Personen	Gesamtzahl der Fälle
Sonne 6	13	Jupiter 2	7
Mond 1	7	Saturn 2	5
Merkur 1	10	Uranus 0	4
Venus 0	6	Neptun 2	5
Mars 1	5	Pluto 0	3

Tabelle 6

Das nicht zu erwartende Resultat bei der Sonne liegt bei fast 50 Prozent, weit mehr, als es rechnerisch gesehen den 25 Prozent entspricht. Von den verbleibenden neun Planeten erreichen nur

Jupiter, Saturn und Neptun etwa den Wert, wie er rein rechnerisch dem Viertel der Gesamtfälle entspricht. Es ist zu konstatieren, daß bei den persönlichen Planeten Mond, Merkur, Venus und Mars das Verhältnis von eins zu vier nicht gewahrt ist. Vielleicht ist das sogar zu erwarten, wenn man bedenkt, daß die Planeten Mond und Venus grundsätzlich für Sanftheit und Weichheit stehen und von passiver Art sind oder wenn man sich klarmacht, daß Merkur von amorpher Art ist und seine Form erst von der Beziehung mit anderen Planeten aus erhält. Überraschend ist aber auf jeden Fall der niedrige Wert bei Mars – hier gibt es bei den berühmten Personen nur einen einzigen Fall (Gesamtzahl bei diesem Planeten: 5 Vorkommen).

Bei den Planeten, bei denen es in der Gruppe von berühmten Personen zu einigermaßen hohen Anteilen kam (Sonne, Jupiter, Saturn und Neptun), haben wir es sehr häufig mit Angehörigen der Königlichen Familie im weitesten Sinne zu tun. Vier Personen stammen aus dem engeren Familienkreis der Königin. Hier liegt auf der Hand, daß mit unaspektierten Planeten Reichtum, Genie, Glück und die verschiedensten Talente verbunden sind. Aber in diesen wie auch in allen anderen Fällen gilt: Wenn der Mensch seine Gaben mißbraucht, können daraus sehr negative Einflüsse hervorgehen, wie es zum Beispiel beim Yorkshire-Mörder Peter Sutcliffe zu sehen ist, der neben dem allseits verbreiteten Neptun/Pluto-Sextil in seinem Horoskop einen unaspektierten Pluto hat.

Überraschenderweise gibt es Menschen, bei denen nicht nur ein, sondern zwei oder gar drei Planeten unaspektiert sind. Bei sieben der 65 Fälle ist es so, daß zwei Planeten keinen Aspekt zu anderen Planeten haben. Die bekanntesten Vertreter sind hier Prinz Edward (Jupiter und Saturn), König Ludwig XIV. (Sonne und Neptun) und Präsident John F. Kennedy (Sonne und Pluto – abgesehen vom Neptun/Pluto-Aspekt).

Die Auswirkung unaspektierter Planeten im Horoskop

⊙   **Die unaspektierte Sonne**

Jeder Planet hat seine eigene, unverwechselbare Energie. Es wäre anmaßend zu sagen, daß ein bestimmter Planet in unaspektierter Stellung besser als dieser oder jener wäre. Ausgehend von den Horoskopen meiner Sammlung scheint mir allerdings, daß die unaspektierte Sonne – welche doppelt so häufig wie jeder andere Planet in unaspektierter Stellung ist – Glück und Ruhm begünstigt. Die Sonne ist ohne Zweifel einer der wichtigsten astrologischen Interpretationsfaktoren. Wenn zu ihr schwierige Aspekte bestehen, muß der Mensch viele Probleme überwinden, bevor er das Gefühl gewinnt, ein sinnvolles und erfülltes Leben zu führen. Wie dem auch sein mag – die Energie, die mit einer unaspektierten Sonne verbunden ist, scheint hell und leuchtend. Es gibt hier kein besseres Beispiel dieses blendenden Scheins mit berühmter Persönlichkeit und ungeheurer Popularität als den französischen König Ludwig XIV. (Horoskop S.136), der allgemein «Sonnenkönig» genannt wurde. Die Sonne stand in seinem Horoskop in der Jungfrau, acht Grad vom MC entfernt. Es war aber nicht die Jungfrau-Energie, die sein Leben bestimmte, sondern die kraftvolle und uneingeschränkte Strahlung der Sonne. Und als ob dies noch nicht genug gewesen wäre, gab es bei ihm auch noch einen unaspektierten Neptun im Horoskop, dicht am Aszendenten, im charismatischen Zeichen Skorpion. Daneben war auch Uranus weitgehend unaspektiert (von ihm aus bestand nur ein schwaches Sextil zu Mars). Bei einer derart starken und ungewöhnlichen Planetenstellung kann die außerordentliche Popularität dieses Monarchen nicht weiter verwundern.

Menschen, die mit einer unaspektierten Sonne geboren sind, zeichnen sich im allgemeinen durch einen außergewöhnlichen und aktiven Charakter aus (falls das nicht der Fall sein sollte, sind andere Planetenstellungen dafür verantwortlich). Sie verfügen

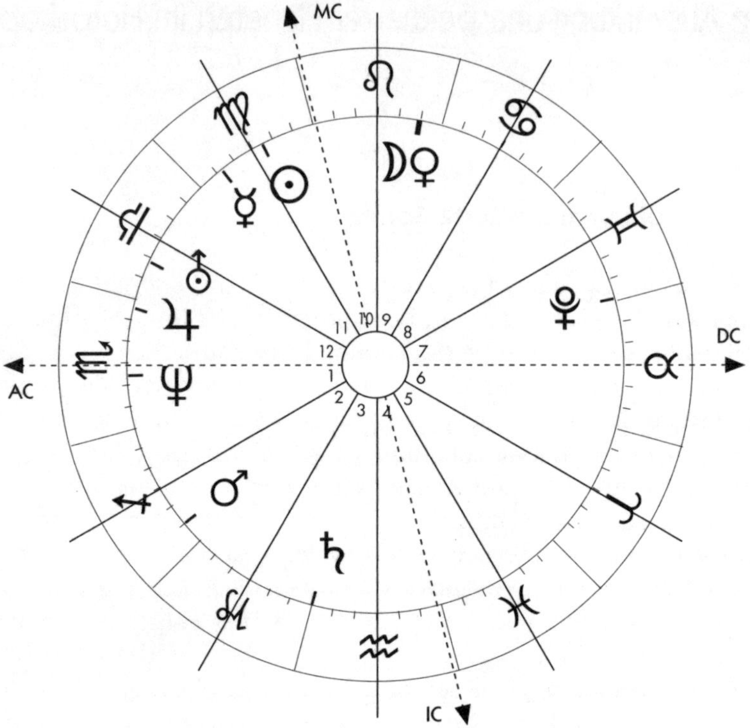

Ludwig XIV., 5. 9. 1638, 11.11 Uhr in St. Germain-en-Laye, Frankreich.

☉ 12° ♍	☿ 24° ♍	♂ 25° ♐	♄ 0° ♒	♆ 18° ♏
☽ 05° ♌	♀ 04° ♌	♃ 02° ♏	⛢ 21° ♎	♇ 0° ♊

AC 15° ♏, MC 0° ♍, Äquale (gleich große) Häuser

Aspekte
☽ ☌ ♀ / □ ♃ / ☍ ♄ • ☿ □ ♂ / △ ♇ • ♀ □ ♃ / ☍ ♄ • ♂ ⚹ ⛢ • ♃ □ ♄ / ⚻ ♇
♄ △ ♇

Unbesetzte Horoskopbereiche, Qualitäten oder Elemente
Anzahl der unbesetzten Häuser: 4
Anzahl der Aspekte: 11
Keine Halbquadrate.
Unaspektierte Sonne, unaspektierter Neptun, fast unaspektierter Uranus

über viel Selbstbewußtsein, was sich im kindlichen Alter in großer Selbstbezogenheit, Unbekümmertheit und einem betonten Eigenwillen äußern kann. Ein solches Kind weiß, wie es in seinem häuslichen Umfeld Aufmerksamkeit erregt – selbst dann, wenn die Sonne hier in einem weniger auffälligen Zeichen des Elementes Wasser oder Erde steht. Wenn der Mensch älter wird, lernt er zumeist, wie er diese machtvollen Eigenschaften unter Kontrolle bringen kann. Gelegentlich aber ergibt sich, daß aus dem aufsässigen Kind mit der unaspektierten Sonne ein aufsässiger Erwachsener wird, wie es der Fall war bei Vincent van Gogh, dem es große Schwierigkeiten bereitete, die unaspektierte Sonne konstruktiv zum Ausdruck zu bringen. In seinem Horoskop ist weiterhin das Element Luft nicht besetzt, sieben oder auch acht Häuser sind leer, es gibt keine Quinkunx- und Oppositions-Aspekte, und Saturn und Uranus weisen jeweils nur einen Aspekt auf. Außerdem sind darin einige sehr herausfordernde Konjunktionen enthalten.

Die meisten Menschen mit einer unaspektierten Sonne im Horoskop sind populär oder zumindest in ihrer Umgebung sehr beliebt. Einigen von ihnen, wie Ludwig XIV, John F. Kennedy oder Cliff Richard, ist es gelungen, sich in größtem Maßstab Bewunderung zu sichern. Hier handelt es sich um Menschen, die auch in Zukunft nicht dem Vergessen anheim fallen werden. Aber auch Vincent van Gogh wurde schon zu Lebzeiten verehrt: von seinem Bruder Theo, der immer durch die eigenartige Persönlichkeit von Vincent hindurch dessen Sonne scheinen sah. Es ist dann auch kein Zufall, daß viele der Bilder van Goghs Darstellungen von sonnenverbundenen Themen sind. Auch Vincent van Gogh wird nie vergessen werden (Horoskop S. 138).

Die bekannteste Person mit einer unaspektierten Sonne dürfte aber unzweifelhaft die gegenwärtige englische Königin Elisabeth II. sein. Bei ihr steht die Sonne im Zeichen Stier im 4. Haus. Dies ist nicht gerade eine sehr außengerichtete Stellung – nichtsdestotrotz sind die Eigenschaften der unaspektierten Sonne deutlich sichtbar, für die allgemeine Öffentlichkeit und mehr noch für die Mitglieder der Königlichen Familie. Es hat eine innere Folgerichtigkeit, daß Elisabeth II. nicht die einzige aus der Königlichen Familie mit einem unaspektierten Planeten im Horoskop ist. Weiter-

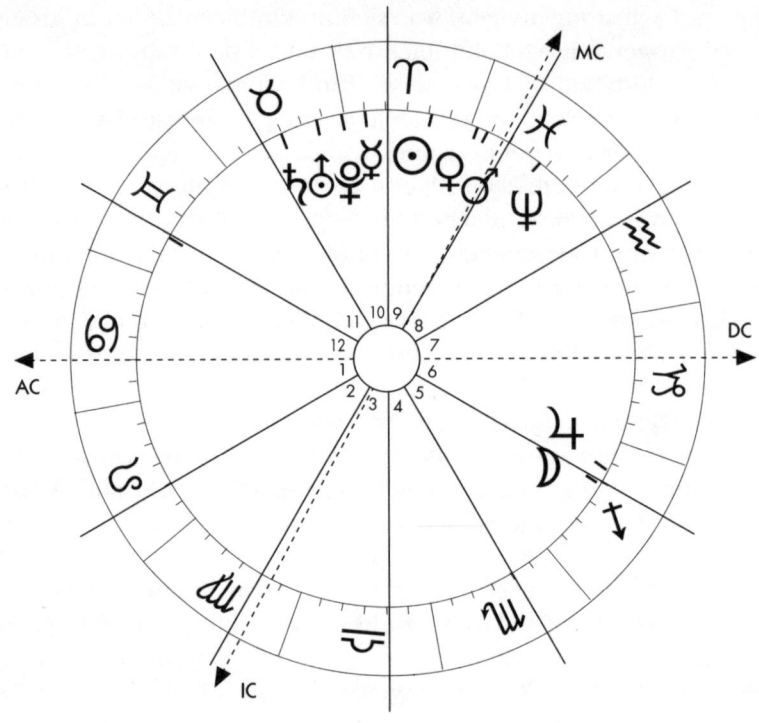

Vincent van Gogh, 30. 3. 1853, 11.00 Uhr in Groot Zundert, Holland.

☉ 09° ♈   ☿ 25° ♈   ♂ 26° ♓   ♄ 15° ♉   ♆ 12° ♓
☽ 20° ♐   ♀ 28° ♓   ♃ 24° ♐   ☊ 06° ♉   ♅ 0° ♉

AC 21° ♋, MC 22° ♓, Äquale (gleich große) Häuser

Aspekte
☽ △ ☿ / □ ♀ / □ ♂ / ♂ ♃ / □ ♆ • ☿ ⅴ ♂ / △ ♃ / ♂ ♅ • ♀ ♂ ♂ / □ ♃ / ⅴ ♅
♂ □ ♃ • ♃ △ ♅ • ♄ ✶ ♆ • ☊ ♂ ♅

Unbesetzte Horoskopbereiche, Qualitäten oder Elemente
Anzahl der unbesetzten Häuser: 7 bzw. 8
Keine Planeten im Element Luft
Anzahl der Aspekte: 15
Keine Quinkunx-Aspekte, keine Oppositionen
Unaspektierte Sonne. Saturn und Uranus jeweils nur ein Aspekt

hin gibt es noch Familienmitglieder, die Geburtsbilder mit sehr harmonischen oder mit sehr wenigen Aspekten besitzen. All diese Faktoren scheinen die Theorie zu stützen, daß die Geburt in ein Königshaus Ausdruck von karmischen Verdiensten ist: Diese Menschen haben über die zurückliegenden Inkarnationen hinweg die vielen Lektionen, welche das Leben für sie bereithielt, gelernt. Die meisten Mitglieder der Königlichen Familie sind sehr alte Seelen, denen nun ein Leben in harmonischen Umständen vergönnt ist, allerdings in Verbindung mit vielfältigen Pflichten und großer Verantwortung.

Derjenige, der mit einer unaspektierten Sonne geboren ist, kommt in seinem Leben zu Ehren. Im allgemeinen ist hier eine große Vitalität, eine gute Gesundheit und viel Kraft gegeben. Diese Menschen sind sich ihres Wertes bewußt. Sie müssen sich aber davor hüten, sich aufzublähen oder andere dominieren zu wollen.

☾ Der unaspektierte Mond

Ein stark gestellter Mond im Horoskop steht häufig für Erfolg und öffentliche Anerkennung, insbesondere in Haus 10 (so weist zum Beispiel auch das Horoskop von Margret Thatcher diese Stellung auf). Der unaspektierte Mond bedeutet sozusagen eine größere Weichheit, feminine Züge und eine gesteigerte Sensibilität. Insofern ist hier nicht die Art von Erfolg zu erwarten, wie ihn die Person mit der unaspektierten Sonne häufig davonträgt. Auch heute, in der neunten Dekade unseres Jahrhunderts, sind die Eigenschaften der Freundlichkeit, des Mitgefühls und der Spiritualität, wie sie mit einem positiven Mond-Ausdruck einhergehen, noch nicht so anerkannt wie die männlichen, dominanteren Züge der Sonne. Nachdem ich die sieben Fälle meiner Sammlung näher untersucht habe, mußte ich die Feststellung machen, daß die betreffenden Menschen es im Leben nicht unbedingt leicht haben. Es handelt sich hier um sanfte und nachgiebige Seelen, die sich in einer harten, materiellen Welt zurechtfinden müssen. Theoretisch sollte es für die Frau einfacher sein, mit den Eigenschaften zurechtzukommen, wie sie mit dem unaspektierten Mond verbunden sind – in der Realität scheint das aber nicht unbedingt zu stimmen. Es wird hier von Frauen wie von Männern auch erwartet, daß sie ein freundliches Gesicht machen und dem zustimmen, was um sie herum geschieht.

Die einzige berühmte Person mit unaspektiertem Mond aus meiner Sammlung war der bekannte französische Wissenschaftler Louis Pasteur. Sein Horoskop ist sehr ergiebig, was das Thema dieses Buches betrifft: neben dem unaspektierten Mond sieben unbesetzte Häuser, ein Verhältnis von eins zu neun zwischen aktiven und passiven Planetenstellungen, keine Planetenstellungen im Element Feuer, keine Oppositionen. Der Mond steht hier im Zeichen Zwillinge (es handelt sich dabei um den einzigen Planeten in einem positiven Zeichen) in Haus 8 – verborgen vor den Augen der Öffentlichkeit. Im Gegensatz dazu befinden sich die sechs Planeten im Zeichen Steinbock im 3. Haus, welches sehr wohl auf das Äußere gerichtet ist. Das Horoskop von Pasteur ist spirituell und außerordentlich komplex. Nur diejenigen, die ihn näher gekannt haben, dürften um seine intuitive und dabei doch analytische Seite gewußt haben. Pasteur war ohne Zweifel ein tiefer Denker (Mond im 8. Haus und die Häufung der Planeten im Zeichen Steinbock) mit der Fähigkeit, seine Gefühle und Emotionen auf abstrakte Weise zu rationalisieren (Mond in den Zwillingen).

Man sollte denken, daß Personen mit einem stark besetzten Erdzeichen dazu in der Lage sind, sich selbst zu stabilisieren und die Überempfindlichkeit, wie sie mit einem unaspektierten Mond einhergeht, in den Griff zu bekommen. Alle sieben Fälle meiner Sammlung besitzen ein stark gestelltes Element Erde: Entweder befinden sich mindestens drei Planeten in diesem Element, entweder sind das 2., das 6. oder das 10. Haus stark gestellt oder/und ein Erdzeichen steht am Aszendenten. In vier dieser Horoskope haben wir es mit einer extrem starken Besetzung des Elementes Erde zu tun, so wie im Fall von Louis Pasteur. Es ist, als ob für das Überleben in einer technologischen und materiellen Welt dem Menschen mit einem unaspektierten Mond die praktischen Fähigkeiten des Elementes Erde mit auf den Weg gegeben werden.

Menschen mit einem unaspektierten Mond erwecken den Eindruck, sehr sensibel zu sein, und man denkt von ihnen oft, daß sie in Wasserzeichen geboren sind. Ihre Augen haben vielfach etwas Funkelndes, Versonnenes oder auch Ängstliches. Entgegen ihrem scheinbar selbstbewußten und positiven Verhalten kann man bei genauerem Hinsehen häufig erkennen, daß sie etwas Trauriges haben. Männer mit dem unaspektierten Mond sind oftmals sehr feminin oder auch «weichlich» in ihrem Auftreten, sie erwecken den Eindruck von körperlicher Schwäche (was aber nicht der Realität entsprechen muß). Das kann seinen Grund in dem Schutz haben, der bei ihnen durch das Element Erde gegeben ist. Insbesondere macht sich dieser bemerkbar, wenn sie älter werden. In Kinderjahren haben diese Menschen oft unter gesundheitlichen Problemen und unter körperlichen Schwächen zu leiden. Besonders betroffen sind hier die Brust und der Magen, beides Körperbereiche, die dem Mond unterstehen. Sowohl für Männer als auch für Frauen ist eine extreme Zuneigung zur Mutter kennzeichnend. Anders als bei Personen mit einem Mond mit Spannungsaspekten beruht die Zuneigung zumeist auf Gegenseitigkeit. Die Mütter von Menschen mit unaspektiertem Mond sind häufig intuitiv veranlagt, mit übersinnlich anmutenden Talenten begabt oder spirituell ausgerichtet. Bei den sieben Fällen meiner Sammlung gab es vier Mütter, die beruflich auf dem Gebiet des Heilens oder der Psychologie tätig waren. Ich als Mutter eines Kindes mit unaspektiertem Mond zähle mich selbst auch dazu.

Charakteristisch in all diesen Fällen ist das starke Bedürfnis, geliebt zu werden und das Gefühl zu haben, für jemand anderen von Bedeutung zu sein. Das gilt trotz der Tatsache, daß Beziehungen nicht einfach sind. Die frei fließende positive Energie beim unaspektierten Mond fordert, daß diese Menschen im Leben immer wieder aufs neue geben – und nicht nehmen. Manchmal kommt es dann im Inneren dazu, daß eine solche Person das Gefühl hat, gegen eine Wand zu laufen: Es ist nicht leicht, in einer materiell orientierten Umgebung immer derjenige zu sein, der von sich gibt.

☿ Der unaspektierte Merkur

In meiner Sammlung ist die Anzahl von Horoskopen mit unaspektiertem Merkur im Vergleich zu den anderen Planeten relativ hoch. Wenn wir hier die Zahlen von Sonne und Merkur zusammenzählen – den beiden Planeten, die hier am häufigsten in Erscheinung treten –, ergibt das schon über ein Drittel aller Fälle von unaspektierten Planeten (Gesamtzahl 65). Dieser Sachverhalt mutet deshalb überraschend an, weil Sonne und Merkur niemals weiter als 28 Grad auseinander stehen können. Sehr oft kommt es zwischen ihnen auch zur Konjunktion. Noch häufiger ergibt es sich, daß sie im gleichen Zeichen oder Haus stehen. Merkur lebt dann gewissermaßen im Schatten der Sonne, er hat dann große Probleme damit, aus dem Licht der Sonne hervorzutreten.

Es hat mich überrascht festzustellen, daß es in meiner Sammlung nur einen einzigen berühmten Menschen mit unaspektiertem Merkur gibt. Ich hätte zuvor gedacht, daß diese Stellung kommunikative Talente verheißt und in den Horoskopen von einigen berühmten Menschen zu finden ist (und wenn dies nur für die Fähigkeit sprechen würde, sich aus jeder Situation herauszuwinden). Die Wirklichkeit aber zeigt, daß Merkur ohne herausfordernde Aspekte nur sehr selten für besonderen Ruhm oder Reichtum steht, anders als das bei seinem nächsten Begleiter, der Sonne, der Fall ist.

Merkur wirkt dann antreibend, wenn er durch andere Planeten stimuliert wird. Mit seinem androgynen Charakter fällt es dem Menschen ohne feste Verankerung schwer, sich dauerhaft auf etwas einzulassen oder sich dauerhaft zu binden. Wenn Merkur unaspektiert ist und in einem problematischen Zeichen oder Haus zur Sonne steht, ist er sozusagen in Gefahr: Es handelt sich dann um einen schwachen Planeten, der keine feste Form oder Gestalt hat, der aber innerhalb des Geburtshoroskops eine herausragende Rolle einnimmt. Im gleichen Zeichen oder Haus wie die Sonne sind die Probleme nicht so gravierend. Aber auch dann könnten sich für den Geborenen bei der Integration der Merkur-Eigenschaften Schwierigkeiten ergeben.

Menschen mit unaspektierten Merkur sind rastlos, lebhaft, intelligent und haben große Probleme damit, Zuverlässigkeit und

Stabilität zu beweisen. Sie haben die verschiedensten Talente und Interessen und können über jedes Thema reden. Sie können sich durch Ernsthaftigkeit und Seriosität oder durch eine scharfe Auffassungsgabe oder einen Sinn für Geselligkeit und Humor auszeichnen. Manchmal können all diese Eigenschaften von einer einzigen Person in kürzester Zeit komprimiert zum Ausdruck gebracht werden. Der sich immer wieder wandelnde Merkur-Ausdruck erlebt ständig neue Höhen und Tiefen – er ist in Null Komma nichts auf dem Gipfel, worauf dann ein jäher Absturz folgt. Mit dem unaspektierten Merkur scheint keine besondere Hartnäckigkeit, Ausdauer oder enthusiastische Hingabe verbunden zu sein, die der Antrieb sind, der zum Erfolg führt. Charakteristisch ist hier vielmehr der ständige Wunsch, loszuziehen, auszubrechen, aufzugeben und die Richtung zu wechseln. Diese Person sucht immer wieder aufs neue nach dem Anker, an dem sie sich festmachen kann. Sie kann diesen aber nicht in sich selbst, sondern höchstens in jemand anderem finden. Dies könnte die Ursache dafür sein, daß Menschen mit unaspektiertem Merkur sich manchmal an sehr stabile oder erdhafte Personen binden.

Die flüchtige und veränderliche Merkur-Natur ist auch dann nicht einfach zu kategorisieren oder zu kontrollieren, wenn Aspekte zu ihm bestehen. Die Einordnung fällt aber noch viel schwerer, wenn Merkur im Horoskop ohne Aspekte steht (vollends unmöglich wird sie, befindet sich Merkur in einem veränderlichen Zeichen). Die «unfaßbaren» Merkur-Qualitäten machen es für eine andere Person zumeist unmöglich, die Handlungsweisen des betreffenden Menschen zu verstehen. Merkur kann «Tricks» einsetzen – unschuldige und kindische wie raffinierte und heimtückische. Merkur ist an einem Tag voll präsent, am nächsten Tag ist er verschwunden. Die lebhafte Vorstellungskraft, wie sie mit diesem Planeten in Verbindung steht, ist dann noch betont, wenn keine Aspekte zu ihm gegeben sind. Dies kann sich hilfreich auf die vielfältigen kreativen und künstlerischen Talente auswirken, aber auch negative Eigenschaften wie das Lügen und Betrügen und das Moment der Unzuverlässigkeit und Haltlosigkeit in den Vordergrund treten lassen. In den meisten Fällen aber besitzen Menschen mit einem unaspektierten Merkur viel Charme. Dieser Zug bewirkt fast immer, in Verbindung mit einem großen Wis-

sensdurst und einem umtriebigen Verstand, allgemeine Beliebtheit. So werden hier etwaige Missetaten auch schnell wieder vergessen. Wie dem auch sein mag – es macht Spaß, mit einem solchen Menschen zusammenzusein. Nur zu oft ist er es, der
geselligen Zusammenkünften erst richtig Leben verleiht.

♀ Die unaspektierte Venus

Insgesamt nur 6 von 400 Leuten – das entspricht einer mageren
Rate von 1,5 Prozent der Bevölkerung – ist ein doch enttäuschen-
des Ergebnis für die unaspektierte Venus. Das gilt um so mehr,
wenn man bedenkt, daß es hier keine Vorkommen bei den
berühmten beziehungsweise berüchtigten Persönlichkeiten gibt.
Wie der andere feminine Planet Mond auch bedeutet die Venus
grundsätzlich eine mehr oder weniger passive Haltung. Für die Venus gelten Eigenschaften wie Harmoniestreben, die Ausrichtung
auf das Sinnliche und eine gewisse Trägheit – sich zurücklehnen
und abwarten, daß die schönen Dinge des Lebens in Erscheinung
treten. Ohne Aspekteinwirkung anderer Planeten tendiert die Venus dazu, sich in ihren Idealen von Liebe, Schönheit und Harmonie zu verlieren. Manchmal aber geht hier die sinnliche Seite mit
dem Menschen durch. Es könnte dann zu Zuständen der Besses-
senheit kommen, welche sich auf materielle Besitztümer beziehen
oder/und auf sexuelle Aktivität. Bei einer positiven Umgehens-
weise ist mit der unaspektierten Venus ein Instinkt für Sicherheit
gegeben. Es ist hier zu vermuten, daß viele dieser Personen Partner haben, die über großes Ansehen oder viele Besitztümer verfügen. Auf diese Weise ist dann für ihre Sicherheit gesorgt.

Die sechs Fälle aus meiner Sammlung sind ganz normale Menschen. Es fällt schwer, etwas Besonderes an ihnen zu sehen.
Höchstens wäre hier eine attraktive Erscheinung, eine höfliche
Wesensart und ein allseits respektierter Charakter anzuführen.
Diese Menschen besitzen nicht den sofort wirksamen Charme,
wie er für den unaspektierten Merkur typisch ist; sie können auf
den ersten Blick den Eindruck von Schüchternheit oder auch
Grobheit vermitteln oder den Anschein erwecken, unter Minder-
wertigkeitsgefühlen zu leiden. Irgendwann aber wird ihre wahre

Menschenliebe durchscheinen. Diese Personen sind entweder sehr großzügig oder aber sehr hart. Vieles hängt davon ab, ob die positiven oder die negativen Venus-Einflüsse im Vordergrund stehen.

Wie es bei allen unaspektierten Planeten der Fall ist, spielt die Stellung im Haus eine größere Rolle als die im Zeichen. Mit der unaspektierten Venus strahlt der Mensch Venus-Eigenschaften aus, gleichgültig, in welchem Zeichen sich der Planet befindet (allerdings scheint dies bei der Stellung in positiven Häusern – Haus 1, 3, 5, 7, 9 und 11 – noch etwas auffälliger zu sein). Die Venus ist ein geselliger Planet. Die Person mit einer unaspektierten Venus liebt die Geselligkeit, hat aber ohne die Einwirkung eines anderen Planeten tatsächlich Probleme damit, ihre geselligen Eigenschaften nach außen hin zu zeigen (gleiches gilt im übrigen auch für ihren Nachbarn am Himmel, den Merkur). Von wenigstens drei meiner Beispielfälle ist mir bekannt, daß es in Hinblick auf Beziehungen beträchtliche Probleme gegeben hat. Die wohltätigen Gaben, die die unaspektierte Venus verspricht – Liebe und Zuneigung, Harmonie und Schönheit im Übermaß –, können nur langsam und unter mühevollen Erfahrungen zu einem Bestandteil des Lebens gemacht werden. Die Venus träumt aber ihre Träume von perfekten Beziehungen weiter, und sie ist dann immer wieder neu enttäuscht, wenn sich als Ergebnis nicht die Liebe einstellt, die sie sich in ihrem Kopf ausgemalt hat. Man könnte annehmen, daß der Mensch mit der unaspektierten Venus derjenige ist, der gibt – anders aber als der andere weibliche Planet, der Mond, kann sie sich nicht mit einer unausgewogenen Situation abfinden. Es wäre dann möglich, daß sie sich – bildlich gesprochen – in den Armen eines anderen Liebhabers ausweint. Grundsätzlich allerdings ist die Venus loyal. Vom Prinzip her macht es ihr kein Vergnügen, untreu zu sein. Es ist in manchen Fällen nur so, daß der unstillbare Durst nach Liebe schwerer wiegt als jedes Gefühl der Schuld.

Leider bedeutet die unaspektierte Venus potentiell nicht den Ruhm wie die Sonne ohne Aspekte oder den Reichtum wie der unaspektierte Jupiter. Menschen mit einem solchen Horoskopmerkmal aber haben einen Charme, der in unserer technologischen, materialistischen Welt selten geworden ist.

♂ Der unaspektierte Mars

Es war überraschend für mich zu entdecken, daß in meiner Sammlung von 400 Horoskopen nur halb soviele Fälle mit einem unaspektierten Mars wie mit unaspektiertem Merkur oder unaspektierter Sonne vorhanden waren. Wenn man bedenkt, daß die Energie hier häufig auf unkontrollierte Weise freigesetzt wird, ist dieser Sachverhalt womöglich besser zu verstehen.

Die marsische Energie kann sich auf sehr verschiedene Weise manifestieren. In positiver Auswirkung sehen wir hier die großen Sportler vor uns und mutige Menschen, die viel Bestimmtheit und Entschlossenheit erkennen lassen. Negativ sind die Folgen, daß aus Menschen Krieger und Kriegstreiber, Kriminelle, Aggressoren oder Barbaren werden.

Mars ist ein schwer zu kontrollierender Planet – schwerer noch als Uranus, der zumindest den Vorteil hat, ein fixes Zeichen zu regieren, woraus eine gewisse Regelmäßigkeit in seinem befremdlichen Verhalten erwächst. Mars erkennt keine Grenzen an, er herrscht über das impulsive, selbstbezogene Zeichen Widder. Insofern wird er aktiv, ohne sich vorher irgendwelche Gedanken zu machen. Aspekte zu Mars können diesen Effekt abmildern oder aber verstärken. Beispielsweise begrenzt und kontrolliert ein Saturnaspekt den marsischen Schwung und Enthusiasmus, zum Besseren oder zum Schlechteren, in Abhängigkeit von der Aspektart. Ein Aspekt von Jupiter aus wird die Mars-Energie noch anstacheln und zu einem entzündlichen Temperament beitragen, zu einem übermäßigen Optimismus, aber auch dazu, daß der Mensch jede sich bietende Chance ergreift. Sind keine Aspekte zu Mars vorhanden, kann dieser Planet nur durch sein Zeichen und sein Haus zum Ausdruck kommen. Seine Energie ist dann rein, vital und wild, und kennzeichnend ist das Bedürfnis, immer weiter voran zu schreiten. In dieser Beziehung mutet es aber doch seltsam an, daß es nicht mehr berühmt-berüchtigte Menschen mit einem unaspektierten Mars gibt. Meine Untersuchung erhebt natürlich nicht den Anspruch, hier das letzte Wort zu sprechen, und sie bezieht auch nur sehr wenige Politiker, Sportler oder Kriminelle ein. All dies sind womöglich Felder, auf denen sich unter Umständen Menschen mit einem unaspektierten Mars hervortun könnten.

Die einzige berühmte Persönlichkeit der fünf Fälle meiner Sammlung ist der Schauspieler Rock Hudson, der an der durch sexuelle Übermittlung übertragenen Seuche Aids starb. Bei ihm sehen wir Mars im Zeichen Skorpion (was nicht weiter überrascht), im 2. Haus zusammen mit Saturn und der Sonne. Mars steht weder zu diesen noch zu anderen Planeten im Aspekt. Es hat den Anschein, als ob Rock Hudson seinen unaspektierten Mars mißbraucht hat, indem er die damit verbundene Energie auf sein Sexualleben richtete. Die Stellung in 2 wirkte sich allerdings auch günstig hinsichtlich seiner finanziellen Mittel und seiner Fähigkeit, Geld zu verdienen, aus. Das 2. Haus ist aber der Ausgangspunkt der sexuellen Libido des Menschen. Für mich herrscht es in roher, instinktiver Weise über unsere Begierden, ohne die Verfeinerung, bei der aus Sexualität Liebe und Gefühl wird. Letzteres ist durch das gegenüberliegende 8. Haus angezeigt. Rock Hudsons Lebensstil war von seinen Skorpion-Planeten im 2. Haus geprägt, insbesondere von dem unaspektierten Mars. Man könnte seinen Tod als trauriges Beispiel einer außer Kontrolle geratenen Mars-Energie ansehen.

Ein anderer unglücklicher Fall aus meinen Unterlagen ist der einer jungen Frau, die bislang ein sehr unbeständiges Leben hinter sich hat. Immer wieder überkommen sie unkontrollierbare Ausbrüche, die sie zu einem Leben mit kriminellen Delikten, zu Drogenabhängigkeit und zu Gefängnisstrafen geführt haben. Sie ist eine überzeugte Lesbierin und HIV-positiv. Der unaspektierte Mars steht bei ihr im Zeichen Fische – ein Zeichen, dem es große Schwierigkeiten macht, mit der feurigen Mars-Energie umzugehen. Ihre Reaktionsweise ist auf Emotionen, Gefühl und Instinkt bezogen. In ihrem Horoskop ist das Element Luft unbesetzt – unglücklicherweise aber hat es den Anschein, daß sie kaum Gebrauch von ihren angeborenen kommunikativen Talenten mit dem Vermögen zu logischer Argumentation gemacht hat. Das hat wenigstens teilweise seinen Grund in der dominierenden Kraft des unaspektierten Mars.

Ich habe nicht den geringsten Zweifel, daß ein unaspektierter Mars für die meisten Menschen außerordentlich schwer zu kontrollieren ist. Es besteht hier die Gefahr, daß dieser die vollständige Kontrolle über die Identität der betreffenden Person übernimmt. Wenn man sich mit den restlichen drei Fällen meiner Horoskopsammlung beschäftigt, die zunächst einmal einen «normalen» und «gesunden» Eindruck machen, entdeckt man, daß bei ihnen unter der Oberfläche eine Kraft gegeben ist, die jederzeit zum Ausbruch kommen kann. Der unaspektierte Mars schwankt nicht zwischen diesem und jenem hin und her – er hat seinen eigenen Willen, und er kann verheerende Auswirkungen haben, mit viel Brutalität, Grausamkeit oder Rachsucht.

Bei einem der drei restlichen Fälle befindet sich der unaspektierte Mars im Zeichen Skorpion im 1. Haus. Die betreffende Person ist außerordentlich hart gegen sich selbst, sie treibt sich selbst gnadenlos an, ohne im geringsten Rücksicht auf die eigenen körperlichen und emotionalen Bedürfnisse zu nehmen. Alle Warnungen, was ihre Gesundheit, ihren Körper und die Art ihres Auftretens betrifft, schlägt sie in den Wind. Sie ist auf eine tollkühne und sehr bestimmte Weise selbstbezogen, und sie macht kein Hehl aus ihren intensiven Sympathien und Antipathien. Es handelt sich bei ihr um die Art von Person, die man nicht übersehen kann. Ich habe aber den Eindruck, daß der unaspektierte Mars trotz seiner Bestimmtheit und Zielgerichtetheit wegen der allumfassenden Skorpion-Energie eines Tages ihren Sturz bedeuten könnte. Für sie ist es nötig zu lernen, auf eine kluge Art mit ihren Energien umzugehen.

Der unaspektierte Mars scheint eine tollkühne und selbstzerstörerische Wesensart anzuzeigen sowie eine sofort entzündliche Energie. Es gilt hier, Tätigkeiten zu finden, bei denen diese kanalisiert werden kann, zum Beispiel Sport. Unternimmt der Mensch in dieser Beziehung nichts, richtet sich die Energie im Inneren gegen den Körper, der dadurch allmählich zerstört wird.

 Der unaspektierte Jupiter

Die großmütigen und expansiven Eigenschaften von Jupiter scheinen, wenn der Planet unaspektiert ist, besser zur Geltung zu kommen als die rauhe Energie von Mars. Wie es zu erwarten ist, bedeutet der unaspektierte Jupiter im Horoskop Optimismus, Überfluß und Glück. Wie beim Mond auch treten die negativeren

Seiten von Jupiter in Verbindung mit schwierigen Aspekten nicht in Erscheinung, wenn dieser Planet ohne Verbindung zu anderen allein im Horoskop steht. Bis vor kurzem wurde Jupiter ausschließlich als der «Große Wohltäter» betrachtet. Die früheren Astrologen glaubten, daß mit Jupiter alles zum besten stünde – eine starke Jupiter-Stellung war für sie Garant für Reichtum, Glück und Zufriedenheit. Heutzutage ist man eher der Ansicht, daß Jupiter wie die anderen Planeten auch sich positiv oder negativ auswirken kann. Der unaspektierte Jupiter scheint aber tatsächlich vorwiegend für positive Auswirkungen zu stehen. Er agiert sozusagen als Puffer gegen Schwierigkeiten, die aus dem Rest des Horoskops erwachsen.

Bei einigen der zum Teil schwierigen Horoskope meiner Sammlung ist es so, daß Jupiter trotz verschiedener problematischer Faktoren optimistisch durchschimmert – auch bei vielen Spannungsaspekten und auch bei starkem Saturn-Einfluß. Diese Menschen setzen eine entschlossene und dabei freundliche Miene auf, wenn sie sich Widerständen gegenübersehen. Sie geben sich dem Fluß der planetarischen Energie hin, was damit in Übereinstimmung steht, daß tief im Inneren durch Jupiter viel Selbstvertrauen und Weisheit gegeben ist. Sie haben immer etwas Liebenswertes, auch dann, wenn der Aszendent und die anderen Planetenstellungen dem widersprechen würden. Kennzeichnend ist ihr Sinn für Humor, ein ausgeprägter Gerechtigkeitssinn und eine wohlwollende Haltung gegenüber anderen. Der Planet Jupiter ist groß – er kann den Menschen in seiner Erscheinung ebenfalls zu einer beträchtlichen Größe bringen.

Bei Jupiter sind, wie nicht anders zu erwarten, mehr Fälle von berühmten Persönlichkeiten gegeben als bei den Planeten Mars, Mond, Merkur und Venus. Zwei von insgesamt sieben Fällen ist zwar nicht unbedingt viel, allerdings ist darunter ein ranghohes Mitglied der Königlichen Familie: Prinz Edward. Dieser hat den unaspektierten Jupiter in seinem 7. Haus, was eine Stellung ist, die eine vorteilhafte Heirat oder günstige geschäftliche Verbindungen anzeigen kann. Jupiter steht – neben Neptun – mit dem Theater und dem Schauspiel in Verbindung. Wir können davon ausgehen, daß Prinz Edward seinen unaspektierten Jupiter in Form einer Liebe zur Bühne erlebt.

Eine andere berühmte Persönlichkeit mit Jupiter ohne Aspekten in Haus 5 im Zeichen Krebs war die amerikanische Bluessängerin Janis Joplin, die in den 60er Jahren von sich reden machte. Diese Jupiterstellung war in ihrer Erscheinung stets gegenwärtig (sie war sehr empfindlich und emotional, was typische Krebseigenschaften sind) und der Grund für ihre extreme Popularität. Sie hatte aber auch einen fast unaspektierten Mars im abenteuerlustigen und unbeständigen Zeichen Schützen im Horoskop. Der einzige Aspekt zu diesem war ein ziemlich schwaches Trigon, welches nicht stark genug war, um die intensive Mars-Energie zu verankern. So hatte es schließlich den Anschein, daß sie ihren tollkühnen Mars nicht zugunsten des Glück verheißenden Jupiter unter Kontrolle bringen konnte. Ihr Tod durch eine Überdosis Drogen war die schreckliche Konsequenz. Die Tatsache, daß sie auch heute noch unvergessen ist, liegt nicht an ihrem besonderen Talent – das nicht größer war als das von vielen anderen Künstlern ihrer Zeit –, sondern an ihrem unaspektierten Jupiter. Diesem hatte sie es zu verdanken, daß sie auf ein Podest gehoben und zur *Queen of Rock* erklärt wurde.

Ein unaspektierter Jupiter im Horoskop sollte als willkommener Faktor aufgefaßt werden, der für Glück und günstige Gelegenheiten steht. Es fragt sich hier allerdings nur, ob der Mensch die Größe hat, diesen Chancen gerecht zu werden oder nicht.

♄ Der unaspektierte Saturn

Man muß nur das Wort Saturn aussprechen, und schon hebt bei denen, die sich etwas mit der Astrologie auskennen, ein Raunen und Klagen an. Saturn ist zweifellos der Planet in unserem Sonnensystem, dem am meisten Unheil zugeschrieben wird. Alles, was uns leiden läßt und Schmerzen verursacht, wird ihm angelastet. Dabei bedeutet der unaspektierte Saturn aber in keiner Weise, daß Katastrophen und Finsternis zu erwarten sind – sondern im Gegenteil Verantwortungsbewußtsein, Zuverlässigkeit und Aufgeschlossenheit. Einige Planeten scheinen besser zum Ausdruck zu kommen als andere, wenn sie unaspektiert sind, und Saturn ist einer davon. Wenn er unbeeinträchtigt im Horoskop steht, ohne Beeinflussung durch andere Planeten, kann sich die Saturn-Energie auf einer sanfteren und weniger angstbehafteten Ebene äußern. So muß es dann auch nicht zu Unterbrechungen im Fluß ihrer Energie kommen. Zugegeben: Bei den betreffenden Menschen handelt es sich zumeist um pflichtbewußte Personen, die manchmal das Gefühl haben, daß ihre Lasten zu schwer für sie sind. Die Saturn-Energie scheint bei ihnen aber nicht in dem alles beherrschenden Bedürfnis nach Sicherheit, welches hier auch in Erscheinung treten kann, zu wirken, sondern mehr in Übereinstimmung zu den positiven Charakteristiken des Steinbockzeichens.

Zwei Angehörige des innersten Kreises der Königlichen Familie haben einen unaspektierten Saturn im Horoskop. Es handelt sich dabei um Prinz Edward – der auch schon den sich völlig anders auswirkenden unaspektierten Jupiter im Horoskop hat – und um den jungen Prinzen Henry. Beide leben mehr oder weniger im Schatten ihrer Brüder, und beide machen den Eindruck, ruhige und respektable Staatsbürger zu sein. Es liegt nahe, daß auf ihnen in Verbindung mit dem unaspektierten Saturn manchmal große Pflichten lasten, die ihren persönlichen Bedürfnissen vollkommen entgegengesetzt sind. Besonders Prinz Henry, der keinen unaspektierten Jupiter als «Puffer» hat, dürfte den unaspektierten Saturn später im Leben sehr deutlich spüren, um so mehr, als bei ihm Steinbock am Aszendenten steht und ein reich besetztes 12. Haus gegeben ist.

Der unaspektierte Saturn im Horoskop kommt, für sich allein gesehen, überraschend gut zur Wirkung. Es kann aber durch andere Horoskopmerkmale angezeigt sein, daß der Geborene Freiheit und Freiräume braucht. Dies würde dann einen Widerspruch bedeuten. Hier wäre ein Fall aus meiner Sammlung zu erwähnen, bei dem neben dem unaspektierten Saturn auch noch Neptun ohne Aspekt, aber in herausragender Stellung, im Horoskop steht. Die Sehnsucht dieses Menschen nach den Facetten des Lebens, die neptunisch geprägt sind, ist stärker als sein unaspektierter Saturn. Gibt er hier nach, sind Gefühle der Schuld und viele Sorgen um seine Rolle als Familienvater die Folge. Diesem Mann fällt es sehr schwer, mit dem unaspektierten Saturn und dem unaspektierten Neptun umzugehen, welche ihn in verschiedene Richtungen ziehen. Als Resultat davon hat er häufig unter Krankheiten zu leiden. Er erweckt allgemein den Eindruck, nicht mit dem Alltag zurechtzukommen.

Menschen mit unaspektiertem Saturn sind zumeist nicht populär. Es fällt häufig schwer, sie zu verstehen oder ihnen nahezukommen. Nichtsdestotrotz sind sie außerordentlich vertrauenswürdig, ehrenhaft und zuverlässig.

♅ Der unaspektierte Uranus

Es war schwierig, in meiner Sammlung einen vollständig unaspektierten Uranus, Neptun oder Pluto zu finden. Wenn Uranus, Neptun oder Pluto im Horoskop ohne Aspekt steht, hat der betreffende Mensch im Rahmen seiner Individualität und seiner Talente der Gesellschaft viel zu geben. Unglücklicherweise aber fällt es sehr schwer, die äußeren Planeten zu kontrollieren. Der eine Mensch schafft das vielleicht – der nächste aber könnte schon zur Beute der negativen Eigenschaften werden, die mit diesem Horoskopmerkmal einhergehen. Dieser bricht dann unter dem Druck der Last zusammen, er wird dann berüchtigt statt berühmt.

Wenn man Aspekte wie Sextil, Halbsextil und Quintil zwischen den äußeren Planeten (nicht zwischen den äußeren und den persönlichen Planeten) unberücksichtigt läßt, erhöht sich die Anzahl der einschlägigen Horoskope auf etwa 25 Prozent. In solchen Fällen könnte man gewissermaßen von einer partiellen Aspektlosigkeit sprechen. Nachdem ich über eine längere Zeit hinweg unaspektierte Planeten studiert habe, bin ich zu der Ansicht gekommen, daß es legitim ist, einen äußeren Planeten als unaspektiert zu bezeichnen, wenn lediglich ein solcher Aspekt gegeben ist. Das hat wohl seinen Grund darin, daß die Auswirkungen dieser Aspekte sich auf ganze Jahrgänge beziehen (vergleiche hierzu auch die bereits angeführten Fälle von Peter Sutcliffe – einem plutonischen Aggressoren – und John F. Kennedy – einem plutonischen Opfer. Beide hatte in ihrem Horoskop einen partiell unaspektierten Pluto).

Es ist ein eigenartig anmutender (uranischer) Sachverhalt, daß selbst der partiell unaspektierte Uranus viel seltener ist als der partiell unaspektierte Neptun oder Pluto. Noch überraschender ist vielleicht, daß nicht ein einziger Fall aus der Kategorie von berühmten Persönlichkeiten aus meiner Sammlung tatsächlich einen unaspektierten oder partiell unaspektierten Uranus im Horoskop hat. Am nächsten kommt dem noch das Horoskop von Ludwig XIV., bei dem ein schwaches Uranus/Mars-Sextil gegeben war.

Zwei von meinen vier Beispielfällen sind Kinder, die dem Anschein nach eine Art extremer Individualität beanspruchen. Eines davon ist ein musikalisches Wunderkind, das in seiner Vorschulzeit Züge von extremer Aufsässigkeit zeigte. Bei den anderen beiden Fällen habe ich die Interpretation auf dem Postweg abgeliefert, so daß ich leider nicht erkennen konnte, wie sich der unaspektierte Uranus bei ihnen auswirkt.

Der unaspektierte Uranus scheint – so selten er im Horoskop vorhanden ist – sich nicht auf so elektrisierende, nach außen gerichtete und umstürzende Weise zu manifestieren, wie man das vielleicht erwarten würde. Uranus stellt die höhere Oktave von Merkur dar, und man könnte vermuten, daß er sich auf eine aktivere Art manifestiert, wenn er im Aspekt zu anderen Planeten steht. Mit dem unaspektierten Uranus sind gewiß bestimmte Gaben und eine einzigartige Individualität verbunden – der Uranus aber mit vielen Aspekten oder an einem Eckpunkt des Horoskops scheint dem Menschen mehr Aufmerksamkeit und Anerkennung zu verschaffen. Ohne Aspekte tritt das Moment der Erregung und der Umbrüche, wie es mit der Uranus-Energie verbunden ist, in den Hintergrund, was eine positivere Ausdrucksform begünstigt. Das oben erwähnte musikalische Wunderkind legte seine rebellische und aggressive Einstellung ab, als es gelernt hatte, vollständig Gebrauch von seinen uranischen Gaben zu machen. Ausgehend von den wenigen Beispielen, die mir bekannt sind, würde ich die Schlußfolgerung ziehen, daß die Uranus-Energie von androgyner Art ist. Die Energie ist leichter zu kontrollieren und zum Ausdruck zu bringen, wenn Uranus ohne Aspekte im Horoskop steht, als wenn er an vielen Aspekten beteiligt ist.

⟨ψ⟩ Der unaspektierte Neptun

Ein vollständig unaspektierter Neptun war nur selten zu finden – in meiner Sammlung kam auf etwa 80 Menschen ein solcher Fall. Die Anzahl der Fälle von partiell unaspektiertem Neptun war aber deutlich höher. Die Mehrzahl dieser Menschen zeigte tatsächlich Eigenschaften, wie sie für Neptuns veränderlichen Einfluß typisch sind. Es gibt keinen anderen Planeten, der eine solche Vielfalt der Manifestationsmöglichkeiten hat. Beim positiven Ausdruck schimmern in Verbindung mit Neptun unbegrenzte Schönheit, spirituelle Weisheit, ästhetische Ideale und eine wundervolle Inspiration durch. Negative Auswirkungen dagegen führen zur Abstumpfung durch Drogen, Sexualität und Alkohol oder zu extremer Charakterschwäche. Zwischen diesen beiden Extremen bestehen noch viele Abstufungen, und oftmals ist es tatsächlich so, daß der Neptunier sich einmal auf dieser, einmal auf jener und das dritte Mal wieder auf einer anderen Ebene zum Ausdruck bringt.

So groß die Bandbreite der möglichen Auswirkungen auch sein mag – keiner der Fälle mit partiell oder vollkommen unaspektiertem Neptun aus meiner Sammlung ist der niedersten Manifestation zum Opfer gefallen. Besonders unter den möglichen Höhen und Tiefen dieses Planeten scheinen diejenigen zu leiden zu haben, deren Neptun in einem Eckhaus steht und/oder an problematischen Aspekten beteiligt ist.

Der Mensch mit einem unaspektierten Neptun verfügt dem Anschein nach über eine reiche Inspiration, die sich auf den Bereich des Künstlerischen beziehen kann (Musik, Tanz, Schauspiel, Malerei) oder sich auf dem Feld des Heilens oder der Psychologie auswirkt. Ungeachtet der Tatsache, daß diese Menschen schüchtern sind und vielleicht schlecht reden können, besitzen sie eine faszinierende magnetische Aura, die sehr anziehend ist. Sie können ohne weiteres andere in ihrem feinen und dennoch starken Netz einfangen, zu ihrem Zwecke benutzen und dann wieder freigeben. Es fällt ihnen auch nicht schwer, sich aus dem Staub zu machen oder sich «in Luft aufzulösen», wenn Probleme auftauchen. Ist alles vorbei, sind sie plötzlich wieder da.

Der unaspektierte Neptun bedeutet für den Menschen nicht die Herausforderung, wie sie mit den kritischen Hauptaspekten verbunden ist. Seine Energie ist von klarerer und reinerer Art. Wenn die betreffende Person auch den Eindruck erwecken mag, in einer Traumwelt zu leben, weiß sie doch sehr genau, worauf sie im Leben hinsteuert und was sie eigentlich will (dies kann sich auch auf das Unbewußte beziehen). Alle Fälle aus meiner Sammlung haben sich als erstaunlich starke Charaktere erwiesen. Dies gilt trotz der Tatsache, daß vielfach schwierige Kindheitserfahrungen gegeben waren: Entweder wurden die Kinder hier mit Liebe förmlich überschüttet, oder aber es mangelte ihnen weitgehend an emotionaler Anteilnahme und Unterstützung.

Der unaspektierte Neptun im Horoskop von Ludwig XIV. ist mit für die außerordentliche Popularität dieses Königs verantwortlich sowie für dessen Geschick, sich problematischen Situationen im Leben zu entziehen. Es wirkt so, als hätte Ludwig XIV. insgeheim gewußt, wie man lästigen Situationen oder Intrigen ausweichen kann, selbst dann, wenn man die heikle Situation selbst mitherbeigeführt hat.

Eine andere Person mit partiell unaspektiertem Neptun (nur mit einem Halbsextil zu Pluto) ist Frank Sinatra. Der Ruhm, den er mit seinem Gesang und seinen Filmen erwarb, stellt sicherlich einen neptunischen Einfluß dar. Die Tatsache, daß Neptun bei ihm unaspektiert ist, hat vermutlich stabilisierend auf ihn selbst wie auch auf andere gewirkt. Viele erfolgreiche Persönlichkeiten auf musikalischem und schauspielerischem Gebiet haben einen herausragenden Neptun im Horoskop (durch die Stellung an einem Eckpunkt oder durch viele Aspekte). Bei Marilyn Monroe und Elvis Presley aber hat der negative Neptun-Einfluß schließlich seinen Preis gefordert. Bei diesen beiden handelte es sich um zwei sehr begabte neptunische Individuen, die der Negativität Neptuns in Verbindung mit Drogen nicht genug Widerstand entgegensetzen konnten. Der unaspektierte Neptun dagegen bedeutet mehr Stärke und größere Zentriertheit. Insofern ist der Mensch, der sich durch diese Horoskopstellung auszeichnet, nicht so stark gefährdet, zur Beute des negativen Einflusses dieses Planeten zu werden.

♀ Der unaspektierte Pluto

Jeder, bei dem dieser Planet (partiell) unaspektiert im Horoskop steht, verfügt über plutonische Eigenschaften im Übermaß. Die reine, ungezügelte Pluto-Energie ist so machtvoll, daß sie den betreffenden Menschen in Gefahr bringen kann – wie es zum Beispiel bei John F. Kennedy der Fall war. Der partiell unaspektierte Pluto half ihm dabei, Macht zu erlangen und sein Land zu beherrschen. Er zog aber auch die Gewalt an, der er schließlich erlag. Auf diese Weise wurde Kennedy zu einem plutonischen Opfer. Patty Hearst – ebenfalls mit partiell unaspektiertem Pluto im Horoskop – wurde als reiche amerikanische Erbin im Februar 1974 von terroristischen Extremisten entführt und dazu gezwungen, an Überfällen teilzunehmen. Auch sie ist dadurch, zumindest für eine bestimmte Zeit, zum Pluto-Opfer geworden.

Es dürfte ohne Zweifel feststehen, daß Pluto in der negativen Manifestation Gewalt, Eruptionen, Aggressivität und sogar den Tod herbeiführen kann. Selbst bei einem positiv zum Ausdruck gebrachten Pluto können im Verborgenen unterdrückte Wut oder verdrängte Emotionen wirken. Alle plutonischen Menschen genießen es, andere zu beherrschen und zu kontrollieren, was um so mehr gilt, wenn es sich um eine Eckhaus-Stellung handelt oder dieser Planet stark aspektiert ist. Wie bei den anderen äußeren Planeten Uranus und Neptun auch scheint der negative Einfluß in den Hintergrund zu treten, wenn der Planet unaspektiert ist. Bei meinen drei Fällen von unaspektiertem Pluto handelt es sich um mehr oder weniger gewöhnliche Menschen, die allesamt die angeborenen plutonischen Eigenschaften wie Charakterfestigkeit, emotionale Intensität und Hartnäckigkeit im Verfolgen der Ziele zeigen, nicht aber Merkmale wie Besessenheit oder übermäßige Aggressivität. Es hat insofern den Anschein, daß die Pluto-Energie, für sich allein gesehen, machtvoll und stark, nicht aber destruktiv ist. Letzteres ist dann eher auf problematische Verbindungen von Pluto mit anderen Planeten zurückzuführen. Menschen, bei denen Pluto lediglich partiell unaspektiert ist, scheinen diese innerliche Ausgewogenheit nicht zu besitzen. Sie werden leichter zur Beute der negativen Pluto-Einflüsse.

Pluto wird als der Planet angesehen, der über den Lebensprozeß in seiner Gesamtheit regiert – über die Geburt, den Tod und die Wiedergeburt. Er herrscht auch über die tieferen Aspekte der Sexualität (deren vordergründigen Aspekte stehen in Verbindung mit Mars). Ein interessantes Horoskop, das die Merkmale der plutonischen Energie deutlich hervortreten läßt, ist das von Marie Stopes (Horoskop S. 158). Pluto ist bei ihr unaspektiert. Marie Stopes war eine Pionierin auf dem Gebiet der Geburtenkontrolle, und sie schrieb verschiedene Bücher zur sexuellen Aufklärung. Bei zwei Planeten im Zeichen Skorpion (Merkur und Venus) und zwei Planeten im 8. Haus (Saturn und Neptun) befand sich der unaspektierte Pluto im Einklang mit diversen Horoskopmerkmalen. Dadurch war sie imstande, die machtvolle Pluto-Energie auf außerordentlich positive Weise zu nutzen.

Anderen Personen mit einem partiell unaspektierten Pluto im Horoskop ist das nicht so gut gelungen. Peter Sutcliffe, der *Yorkshire-Ripper* (Aszendent unbekannt), hatte einen solchen Pluto im Horoskop, den er auf extrem destruktive Weise und unter Zügen der Besessenheit zum Einsatz brachte. Man hat bei ihm das Gefühl, daß er seinen Pluto positiv zum Ausdruck hätte bringen können, auch deshalb, weil bei ihm das Element Erde sowie acht Häuser nicht besetzt waren und es keine Oppositions- und Quinkunx-Aspekte gab. Die Planeten standen bei ihm allesamt in den Zeichen Zwillinge, Krebs, Löwe und Waage. Sein Horoskop läßt auf eine karmisch hochstehende Wesenheit schließen, ist aber vollständig mißbraucht worden. Er besaß die Gabe und Macht, sein spirituelles Potential zu entwickeln, hat jedoch seine Chance nicht genutzt.

Transite und Progressionen zu unaspektierten Planeten

Alle unaspektierten Planeten stehen von Zeit zu Zeit durch Transite und Progressionen im Aspekt zu anderen Planeten. Men-

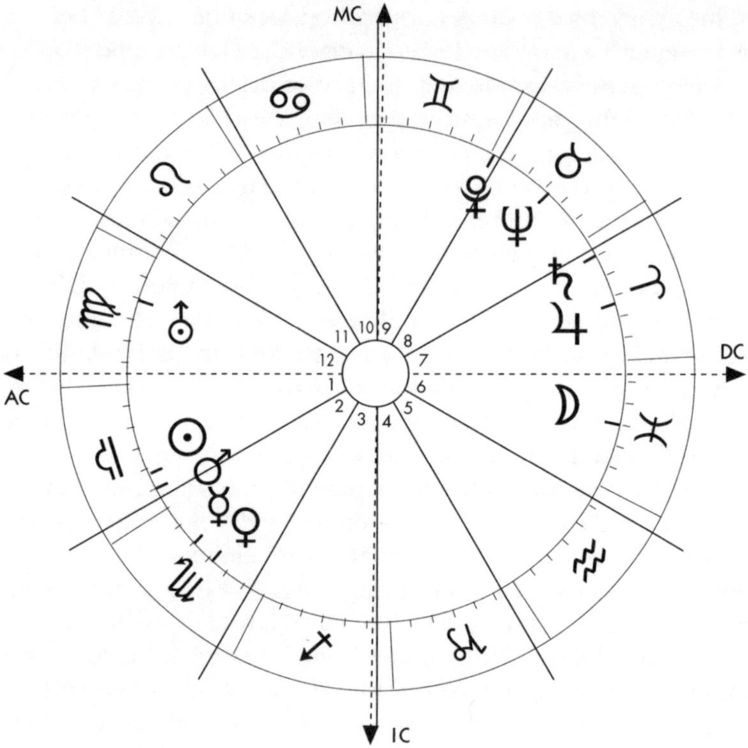

Marie Stopes, 19. 10. 1880, 4.10 Uhr in Edinburgh, Schottland.

☉ 22° ♎	☿ 10° ♏	♂ 25° ♎	♄ 25° ♈	♆ 13° ♉
☽ 15° ♓	♀ 16° ♏	♃ 13° ♈	♅ 11° ♍	♇ 28° ♉

AC 27° ♍, MC 26° ♊, Äquale (gleich große) Häuser

Aspekte

☉☌♂ / ☍♄ • ☽△☿ / △♀ / ⚺♃ / ☍♅ / ⚹♆ • ☿☌♀ / ⚹♅ / ☍♆
♀⚹♅ / ☍♆ • ♂☍♄ • ♃⚻♅ / ⚺♆

Unbesetzte Horoskopbereiche, Qualitäten oder Elemente

Anzahl der unbesetzten Häuser: 5

Anzahl der Aspekte: 15

Keine Quadrate, Pluto unaspektiert

Keine Planeten im 1. Dekanat (die ersten 10° eines Zeichens), keine Planeten an den Achsen

schen, bei denen derartige Horoskopstellungen gegeben sind, werden einen Unterschied zu sonstigen Zeiten verspüren, wenn zu dem betreffenden Planeten herausfordernde oder günstige Transit- oder Progressions-Einflüsse bestehen.

Ein Planet, der im Horoskop nicht durch andere beeinträchtigt ist oder unterstützt wird, hat seine Schwierigkeiten damit, sich an längerwährende Transit- oder Progressions-Aspekte anzupassen. Der Mensch mit einem unaspektierten Horoskop-Planeten ist ein Individualist, der es nicht gewohnt ist, beim Einsatz der betreffenden planetarischen Energie auf andere Faktoren Rücksicht zu nehmen. Schon das Trigon oder das Sextil kann ihm ein störendes Moment sein – Quadrate und Oppositionen dagegen wirken unter Umständen geradezu verheerend auf die Ausdrucksweise des betreffenden Planeten. Ein solcher Mensch hat es mit karmischen Tests von höchster und schwierigster Art zu tun. Es sind besonders solche Zeiten, in denen Menschen mit unaspektierten Planeten unter Zuständen der Verwirrung und Konfusion zu leiden haben und hier die Energie auf negative Weise zum Ausdruck bringen.

Ich habe in letzter Zeit beobachten können, welche Auswirkungen die Transite von Saturn, Neptun und Uranus über den unaspektierten Mond meines Sohnes haben (der Mond steht in seinem Horoskop auf dem Aszendenten). Bis jetzt haben sich keine schwerwiegenderen Geschehnisse ereignet – mein Sohn ist jung, und Kinder sind eher dazu imstande, den negativen Manifestationen der schwierigen Aspekte zu widerstehen. Ich habe aber die Feststellung gemacht, daß zu dieser Zeit seine fürsorglichen Eigenschaften, wie sie mit dem unaspektierten Mond zusammenhängen, in seinem Inneren unter Druck geraten sind. Ich habe gemerkt, wie er in sich (in der Persönlichkeit) einen Kampf ausfocht, bei dem sein Bedürfnis, andere zu schützen und zu pflegen, im Widerspruch stand zu dem Drang, sich zu verändern und sich auf eine männlichere Art zu verhalten. Der Neptun-Einfluß hat hier zu einer unordentlichen und chaotischen Phase geführt, während es mit Uranus eher zu einem rebellischen Verhalten kam, zur Lösung von der Familie. Ich habe meine Zweifel daran, ob der unaspektierte Mond sich bei ihm jemals wieder wie zuvor manifestieren wird, hoffe aber, daß dann, wenn Uranus sich von diesem weit genug entfernt hat, seine frühere Fürsorglichkeit und Sensibilität wieder zutage treten wird. Es kostet seinen Preis, wenn im Transit oder in der Progression derartige Einflüsse auf einen unaspektierten Planeten einwirken. Die wahrhaft entwickelte Seele aber wird die Stürme einer solchen Zeit überstehen.

Trigone und Sextile verleihen in Verbindung mit unaspektierten Planeten zusätzliche Chancen und Gelegenheiten. Häufig ist es hier aber auch so, daß der Mensch die angebotene Hilfe nicht akzeptieren kann, was zur Folge hätte, daß er die Chancen ungenutzt verstreichen lassen würde.

Der Mensch mit einem unaspektierten Planeten ist für gewöhnlich ein Kämpfer. Von jungen Jahren an ist er sich bewußt, daß er anders als andere ist. Manchmal könnte hier der Wunsch bestehen, sich nicht von anderen abzuheben und ein ganz gewöhnliches Leben zu führen. Das ist diesem Menschen aber nicht möglich. Wenn durch Transit- oder Progressions-Aspekte die konzentrierte Energie des unaspektierten Planeten herausgefordert wird, könnte sich der Mensch beim Versuch, die innerlichen Veränderungen zu verstehen, noch mehr als Fremdkörper fühlen. Je schneller er aber akzeptiert, daß er anders ist als andere, und je bereitwilliger er sich zeigt, seine machtvolle Energie positiv einzusetzen, desto schneller wird er zu einem hochentwickelten spirituellen Karma kommen.

Kapitel 6

Fehlende Aspekte

Aspekte sind ein außerordentlich wichtiger und dabei komplexer Bestandteil der astrologischen Interpretation. Ihre Analyse steht bei der verzwickten Deutung des Horoskops an höchster Stelle. Man braucht Jahre und viel Erfahrung, um wirklich zu verstehen, was jeder Aspekt bedeutet. Insbesondere die weniger offensichtlichen, subtileren Einflüsse der Nebenaspekte sind sehr schwer zu erfassen. Man kann ein derartiges Wissen nur dann erwerben, wenn man sehr genau darauf achtet, wie sich die Aspekte in verschiedenen Horoskopen auswirken. Zwei Menschen mit dem gleichen Aspekt können sehr unterschiedlich auf die betreffende Energie reagieren. Das könnte bei einem Mars/Jupiter-Quadrat zum Beispiel daran liegen, daß einmal die Zeichen Widder und Schütze im Horoskop betont sind – was eine starke Reaktion auf den Aspekt nahelegt – und das andere Mal nicht. Im ersten Fall dürfte der Mensch besser auf den Aspekt eingestimmt und damit eher in der Lage sein, mit dessen kraftvollem Einfluß umzugehen.

Wenn hier von Aspekten die Rede ist (oder von ihrem Fehlen), sind die sieben bekanntesten Apektarten gemeint: Konjunktion, Quadrat, Trigon, Opposition, Sextil, Halbsextil und Quinkunx. Für die ersten vier setze ich einen Orbis von acht Grad, für das Sextil einen von vier und für die beiden letzten einen von zwei Grad an.

Leider sind die meisten der Aspekte, die traditionell als «unheilvoll» beziehungsweise als Spannungsaspekte bezeichnet werden (Quadrat, Opposition, Quinkunx und oftmals auch die Konjunktion), schwer zu kontrollieren und positiv zum Ausdruck zu bringen. Mit ihnen gehen häufig größere Probleme und Herausforderungen einher. Die Auswirkungen der sogenannten «wohltätigen» (oder auch weichen oder harmonischen) Aspekte (Trigon, Sextil, Halbsextil und manchmal auch die Konjunktion), sind zwar durchaus günstig, treten oftmals aber in den Hintergrund beziehungsweise werden vom Menschen verdrängt. Das ist insbesondere dann der Fall, wenn in Verbindung mit «unheilvollen» Aspekten ein gegensätzlicher Einfluß zu verzeichnen ist. Harmonische Aspekte aber scheinen grundsätzlich einen Schutz vor traumatischen Erfahrungen zu verleihen, wie sie mit den problematischeren Aspekten häufig auftreten.

Das übergeordnete Aspektmuster

Ob Haupt- oder Nebenaspekt – das Entscheidende dabei ist die Modifikation der reinen planetarischen Energie. Spannungsaspekte können zur Folge haben, daß die Energie blockiert oder beschränkt ist oder daß es hier zu einem Zustand der Frustration oder der Wut kommt. Weiche Aspekte dagegen können eine Schwächung der Energie anzeigen, was Passivität oder Apathie bedeuten könnte. Bei jedem Aspekt sind grundsätzlich sehr komplexe und sogar widersprüchliche Auswirkungen in der Psyche des Menschen möglich. Es ist insofern logisch anzunehmen, daß der Mensch um so weniger Herausforderungen, Schwierigkeiten und traumatische Erfahrungen erleben wird, je weniger Aspekte – insbesondere Spannungaspekte – zum Zeitpunkt seiner Geburt gegeben waren. Wenn man meint, Horoskope mit wenigen Aspekten bedeuten einen schwachen Charakter, so ist das ein Trugschluß. Im allgemeinen trifft das Gegenteil zu. Ein potentiell starkes Horoskop enthält relativ wenig Aspekte (oder auch ein unbesetztes Element oder eine unbesetzte Qualität). Nach vielen Jahren des Studiums habe ich die Erfahrung gemacht, daß ein Mangel an Aspekten zumeist eine Person bedeutet, die hoch entwickelt ist – häufig jemand, der eine alte und weise Seele zu sein scheint. Je weniger Aspekte im Horoskop vorhanden sind, desto weniger Lektionen hat der Mensch in diesem Leben zu lernen. Diese Theorie stützt sich zum großen Teil auf die Tatsache, daß viele der berühmten Menschen mit einem angenehmen und leichten Leben vergleichsweise wenig Aspekte im Horoskop haben.

Bei der Ermittlung der Anzahl der Aspekte im Horoskop zähle ich die Verbindungen zum Aszendenten und zum MC nicht mit. Diesen wohnt keine planetarische Energie inne. Aspekte zwischen Planeten und Aszendent beziehungsweise MC wirken sich nicht auf die gleiche Art aus wie Verbindungen zwischen den Planeten untereinander. Das folgende Sinnbild soll dazu dienen, den Unterschied zwischen planetarischen Aspekten und denen von Planeten zu errechneten Punkten deutlich zu machen.

Zwei Katzen als Ausdruck der reinen, kosmischen Energie von Mars und Uranus treffen bei ihrem Beutezug aufeinander. Beide sind lebende Kreaturen mit individuellen Persönlichkeiten, beide sehen sich selbst aber auch als Führer mit dem starken Bedürfnis, die andere zu unterwerfen. Wenn sie ihre Energien vereinigen würden, käme es zu einer machtvollen Konjunktion, die – wenn auch vielleicht mit gewissen Problemen – insgesamt gut funktionieren könnte. Die Reaktionen der beiden Katzen läuft aber darauf hinaus, die eigene Vorherrschaft über alles zu stellen. So kommt es also zur Auseinandersetzung, was mit den Aspekten des Quadrates oder der Opposition vergleichbar wäre. Aus dem langen Kampf geht schließlich ein Sieger hervor. Auf dem Nachhauseweg dann sieht sich diese Katze plötzlich einem unnatürlichen Hindernis gegenüber: Die Katzentür, durch die sie normalerweise in das Haus schlüpft, klemmt. Diese Klappe ist ein unbelebter, von Menschenhand gemachter Gegenstand, der mit dem Aszendenten, dem MC oder einem anderen rechnerischen Punkt des Horoskops verglichen werden kann. Wieviel Energie die Katze auch einsetzen mag, um dieses Hindernis zu bekämpfen - sie muß hier scheitern. Dabei geht von der Katzenklappe keinerlei Energie aus (wenn sich vielleicht auch die Blockierung löst – falls die Katze Glück hat oder clever genug ist zu erkennen, wo das Problem liegt).

Die theoretisch mögliche Anzahl von Aspekten zwischen Planeten im Horoskop liegt etwa bei 45. Es ist aber schon selten, daß mehr als 30 Planetenverbindungen im Horoskop vorhanden sind. In den meisten Fällen sind etwa 15 bis 19 Aspekte gegeben. 21 Aspekte oder mehr sind als überdurchschnittlich zu bezeichnen,

14 oder weniger als unter dem Durchschnitt liegend. Das Horoskop mit den meisten Aspekten, das mir bekannt ist, gehört zu einem Kind, welches im April 1989 geboren wurde. Dieses Mädchen weist 30 Aspekte auf – darunter Konjunktionen, Sextile, Quadrate und Quinkunxe. Und trotzdem ist noch ein Planet, nämlich Jupiter, nahezu unaspektiert. Es ist wohl unnötig zu sagen, daß es sich hier um ein sehr komplexes Horoskop handelt. Die Horoskope mit der geringsten Anzahl von Aspekten, die mir bekann sind, stammen von meinem Enkel, der im Dezember 1987 geboren wurde (Horoskop S. 165), und von Prinz Henry, welcher im September 1984 zur Welt kam. Bei beiden sind nicht mehr als neun Aspekte vorhanden. Interessanterweise handelt es sich bei allen drei Fällen um Kinder der 80er Jahre. Das hat natürlich zur Folge, daß es noch einige Zeit dauern wird, bis man erkennen kann, wie sich die Horoskope auswirken werden.

Viele Mitglieder der Königlichen Familie besitzen Horoskope mit verhältnismäßig wenig Aspekten. Königin Elisabeth II., Prinz Charles, Prinzessin Anne und Prinz Edward sind Beispiele dafür. Prinz Andrew hat ein sehr günstiges Horoskop, allerdings sind in ihm etwas mehr Aspekte enthalten. Prinzessin Margaret und Prinzessin Diana haben recht viele herausfordernde Aspekte in ihren Geburtsbildern. Andere allgemein bekannte Persönlichkeiten mit wenigen Aspekten im Horoskop sind Cliff Richard und Adolf Hitler (jeweils zehn Aspekte) und Ludwig XIV. (der also einmal mehr anzuführen ist) und Albert Einstein (die beiden letzten mit jeweils elf Aspekten). Insgesamt fällt auf, daß bei den Horoskopen von berühmten Persönlichkeiten relativ wenig Aspekte gegeben sind. Dies würde die Theorie stützen, daß persönliche Fähigkeiten und Talente freier zum Ausdruck kommen können, wenn das Horoskop den freien Fluß von Energie erlaubt und nicht zu viele Hindernisse in Form von Aspekten gegeben sind. Schwierige Aspekte in einem Horoskop, das auch sonst keine unbesetzten Elemente oder Qualitäten oder unaspektierte Planeten aufweist, deuten auf ein tiefverwurzeltes Karma mit sehr vielen Lektionen hin, die in diesem Leben gelernt werden müssen. Wenn Spannungsaspekte vorhanden sind, daneben aber auch unbesetzte Elemente oder Qualitäten oder unaspektierte Planeten, muß der betreffende Mensch nun möglicher-

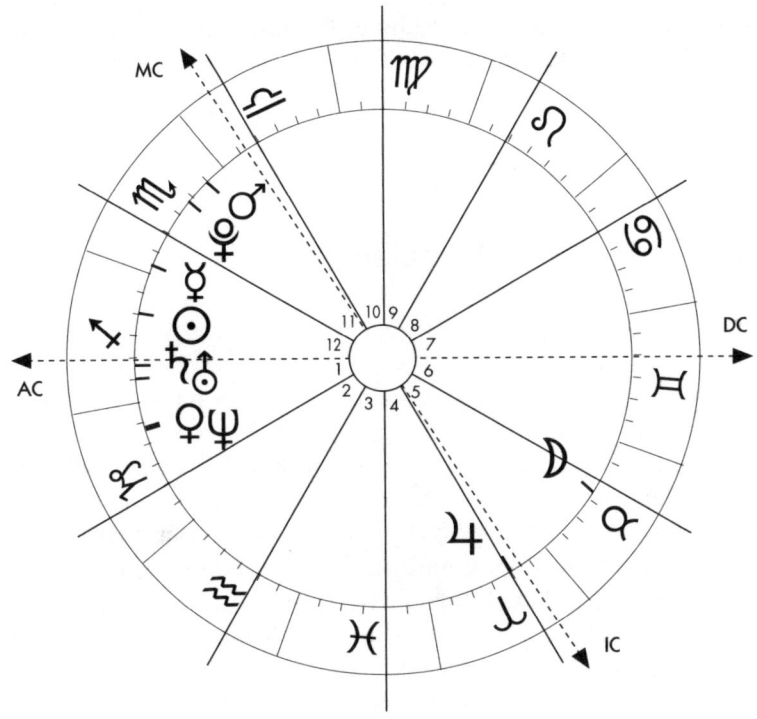

Joseph Huntley (Enkel d. Autorin), 3. 12. 1987, 8.45 Uhr in Croydon, England.

☉ 10° ♐   ☿ 29° ♏   ♂ 06° ♏   ♄ 22° ♐   ♆ 06° ♑
☽ 17° ♉   ♀ 06° ♑   ♃ 20° ♈   ☊ 25° ♐   ♇ 11° ♏
AC 20° ♐, MC 24° ♎, Äquale (gleich große) Häuser

Aspekte
☉ ⊻ ♀ • ☽ ☍ ♇ • ♀ ✶ ♂ / ♂ ♆ • ♂ ✶ ♆ / ♂ ♀ • ♃ △ ♄ / △ ☊ • ♄ ♂ ☊

Unbesetzte Horoskopbereiche, Qualitäten oder Elemente
Anzahl der unbesetzten Häuser: 8
Keine Planeten im Element Luft
Anzahl der Aspekte: 9
Keine Quadrate oder Quinkunx-Aspekte
Sonne und Mond nur jeweils ein Aspekt

165

weise den Preis für eine frühere Existenz (welche nicht lange zurückliegen dürfte) zahlen, in der er den Gesetzen des Karmas nicht gerecht geworden ist.

Nicht vorhandene Aspektarten

Ein Horoskop mit wenigen Aspekten bedeutet nicht zwangsläufig ein angenehmes Leben – wenngleich das Potential für Erfolg damit vergleichsweise hoch ist. Das Geburtsbild mit zehn Aspekten, die sich aus Quadraten, Oppositionen und Quinkunxen zusammensetzen, ist schwieriger zu verstehen und zu handhaben als jenes, das vorwiegend Trigone und Sextile umfaßt. Allgemein läßt sich die folgende Regel aufstellen: Je weniger Aspekte im Horoskop vorhanden sind, desto wahrscheinlicher ist es, daß eine Aspektart fehlt. Es kann hier Abweichungen geben – das bereits erwähnte Kind mit den 30 Aspekten zum Beispiel hat kein Halbsextil, kein Trigon und keine Opposition in seinem Horoskop. Das ist natürlich ungewöhnlich. Ich vermute dann auch, daß dieses Mädchen in späteren Jahren die Entdeckungen machen wird, immer wieder mit ganz besonderen Botschaften im Leben konfrontiert zu sein, die mit einem außergewöhnlichen Karma zusammenhängen. Auch bei Prinz Henry mit seinen neun Aspekten sind drei Aspektarten nicht vorhanden: das Halbsextil, die Opposition und das Quinkunx. Cliff Richard hat in seinem Horoskop keine Halbsextile, keine Quadrate und keine Quinkunx-Aspekte, und bei meinem jungen Enkel fehlen das Quadrat und das Quinkunx. Ich möchte die Aufmerksamkeit auf die Tatsache lenken, daß die drei gemeinhin als problematisch angesehen Aspekte Quadrat, Quinkunx und Opposition bei den oben angeführten Beispielen relativ selten in Erscheinung treten.

Ich habe alle Horoskope meiner Sammlung auf fehlende Aspektarten durchgesehen. Aus der Tabelle ist abzulesen, welches Ergebnis sich dabei ergab.

Fehlende Aspektart	Gesamtzahl der Fälle	Verhältnis zur Anzahl der untersuchten Fälle
Konjunktion	15	4 %
Quadrat	16	4 %
Sextil	18	4,5 %
Trigon	18	4,5 %
Halbsextil	110	27,5 %
Opposition	118	29,5 %
Quinkunx	150	37,5 %

Tabelle 7

Der Orbis, der dieser Tabelle zugrundeliegt, entspricht den bereits angeführten Werten: Konjunktion, Quadrat, Trigon und Opposition acht Grad, Sextil vier Grad und Halbsextil und Quinkunx zwei Grad. Das erklärt, warum es bei Konjunktion, Quadrat oder Trigon viel häufiger Planetenverbindungen gibt als bei Halbsextil und Quinkunx. Die Werte für das Sextil und die Opposition fallen aber ganz anders aus, als man erwarten würde: Es gibt zuwenig Horoskope ohne Sextile und viel zuviel Horoskope ohne Oppositionen. Das lange während Sextil zwischen Neptun und Pluto, das durch die 60er und 70er Jahre Bestand hatte, ist verantwortlich dafür, daß es so wenig Horoskope ohne Sextil gibt. Die hohe Anzahl von Fällen ohne Opposition dagegen hat ihren Grund wohl darin, daß im Laufe unseres Jahrhunderts die drei äußeren Planeten immer enger zusammengerückt sind, wodurch dieser Aspekt seltener in Erscheinung treten konnte. Nichtsdestotrotz überrascht es, daß ein Hauptaspekt wie die Opposition so häufig in Horoskopen fehlt. Wenn wir diesen Sachverhalt mit der karmischen Entwicklung in Verbindung bringen, könnte man vermuten, daß nach der Eliminierung der Quinkunx- und Halbsextil-Aspekte die Ausschaltung der Oppositionen der nächste Schritt der karmischen Fortentwicklung ist. Falls dies zutreffen sollte, müßte dem Sextil viel mehr Bedeutung zugeschrieben werden als bisher.

Ich habe bei der Untersuchung von nicht vorhandenen Aspektarten wieder die Unterteilung in berühmte und nicht berühmte Persönlichkeiten vorgenommen.

Unterteilung der Horoskope mit nicht vorhandenen Aspektarten
in berühmte und nicht berühmte Persönlichkeiten

Fehlende Aspektart	Berühmte Personen (25 % von 400)	Nicht berühmte Personen (75 % von 400)
Konjunktion	3	12
Quadrat	4	12
Trigon	3	15
Opposition	28	90

Tabelle 8

Bei dem Quadrat ist der Wert 4 von 12 (= ein Drittel) höher, als rein rechnerisch zu erwarten wäre (ein Viertel wäre zu erwarten gewesen). Dieser Sachverhalt scheint die Annahme zu stützen, daß ein Mangel an Quadraten günstig für Erfolg und Ausgewogenheit im Leben ist. Die Fälle von nicht vorhandenen Konjunktionen entsprechen genau dem rechnerisch zu erwartenden Wert. Der Mangel an Oppositionen dagegen liegt bei der Kategorie der berühmten Persönlichkeiten etwas zu hoch, der Mangel an Trigonen etwas zu niedrig. Aus letzterem läßt sich ablesen, daß das Vorhandensein von Trigonen ein günstiger und hilfreicher Faktor im Leben ist.

Wie dem auch sein mag – viele der berühmten Persönlichkeiten haben herausfordernde Aspekte im Horoskop. Nach langen Jahren des Studiums der Aspekte und der Auswirkungen von Horoskopen ohne Aspekte bin ich zu der Schlußfolgerung gelangt, daß Menschen mit vielen Spannungsaspekten sich im Leben mit traumatischen und schmerzhaften Problemen und Erfahrungen auseinandersetzen müssen (das gilt insbesondere für die Verbindungen zwischen den äußeren und den persönlichen Planeten). Ruhm und Erfolg stehen mit den unterschiedlichsten Faktoren in Verbindung. Personen mit vielen Spannungsaspekten bringen häufig große charakterliche Stärke und Bestimmtheit zum Ausdruck, haben aber auch viele Lasten zu tragen. Das liegt dann an chaotischen karmischen Umständen und an der Tatsache, daß der Mensch in einem früheren Leben die ihm verliehenen Gaben mißbraucht hat. Derjenige, der nur wenige, dafür aber günstige Aspekte im Horoskop hat und bei dem diese oder jene Aspektart fehlt, hat ein angenehmes Leben vor sich. Falls sich das nicht schon in jungen Jahren bemerkbar macht, werden zumindest die die späteren Lebensabschnitte der Reife von Harmonie und Erfolg gekennzeichnet sein.

Der enge Kontakt der vier äußeren Planeten während der 80er Jahre hat uns die Geburt von Kindern mit sehr ungewöhnlichen Horoskopen gebracht – Kinder, bei denen viele unbesetzte Horoskopbereiche, Qualitäten und Elemente (insbesondere Luft) sowie verhältnismäßig viele unaspektierte Planeten gegeben sind. In diesen Horoskopen stehen die Planeten vielfach sehr eng zusammen (in einem Bereich von 120 Grad), und auch die Polarität von aktiv und passiv ist hier sehr oft betont. Es ergibt sich bei diesen Horoskopen ziemlich häufig, daß zwei oder noch mehr Planeten ohne Aspekte vorhanden sind. Auch sind bei dieser Generation wegen der engen Nachbarschaft der Planeten vielfach keine Quinkunx- oder Oppositions-Aspekte im Horoskop enthalten. Diese Tatsachen sind sehr beeindruckend; sie lassen darauf schließen, daß viele der betreffenden Kinder sehr alte Seelen sind, die nun zu einem bestimmten Zweck wiedergeboren wurden. Jetzt, in den 90er Jahren, entfernen sich die vier äußeren Planeten wieder voneinander. Diese außergewöhnlichen Kinder werden also Anfang des 21. Jahrhunderts herangewachsen sein. Ich hoffe, sie lassen uns erkennen, aus welchem Grund sie zu uns gekommen sind.

Mangel an Halbsextilen und Quinkunx-Aspekten

Die meisten Astrologen sind der Ansicht, daß Halbsextile und Quinkunx-Aspekte nicht sehr bedeutungsvoll sind (wenn auch das Quinkunx inzwischen höher eingeschätzt wird). Der Quinkunx-Aspekt gilt der allgemeinen Überzeugung nach als etwas herausfordernd, schwierig oder spannungsbeladen, er wird häufig mit gesundheitlichen Problemen in Verbindung gebracht. Meiner persönlichen Überzeugung nach (ich habe mehrere Quinkunx-Aspekte im Horoskop) ist das aber durchaus nicht so. Es wird wohl noch einige Forschungsarbeit kosten, bis wir den subtilen Einfluß dieses Aspektes genauer abschätzen können.

Bei dem Halbsextil ist die Feststellung bemerkenswert, daß es sich hier um den einzigen Aspekt handelt, der nicht Teil einer der vier großen Planetenkonfiguration ist (Großes Kreuz, Großes Trigon, T-Quadrat und Yod). Insofern könnte es tatsächlich so sein, daß vom Halbsextil weniger Einflüsse als von den anderen sechs Aspekten ausgehen.

Das Quinkunx ist der Aspekt, der am häufigsten in Horoskopen fehlt. Bei etwa 40 Prozent der Bevölkerung ist kein Quinkunx-Aspekt im Horoskop zu finden – die Anzahl von Menschen ohne Halbsextil liegt zehn Prozent niedriger. Daß das Quinkunx so oft fehlt, könnte anzeigen, daß es in karmischer Betrachtung der unwichtigste Aspekt ist und daß es für die einfacheren karmischen Lektionen des Lebens steht. Für einige Astrologen sind die Einflüsse und die Energien, die vom Quinkunx und vom Halbsextil ausgehen, sehr ähnlich – allerdings gibt es mehr Horoskope mit Halbsextilen als mit Quinkunx-Aspekten. Ich habe feststellt, daß bei den Quinkunx-Aspekten oft mehrere Planetenverbindungen im Horoskop gegeben sind (drei oder noch mehr), während das Halbsextil recht häufig nur ein einziges Mal in Erscheinung tritt. Beide Aspekte vereinen entgegengesetzte Elemente. Beim Halbsextil scheint aber die relative Nähe der Planeten zueinander zur Folge zu haben, daß diese Verbindung besser in ihrem Wesen zu erfassen ist und besser auf eine positive Weise zum Ausdruck gebracht werden kann. Allgemein könnte man sagen, daß es wohl etwas günstiger ist, keine Quinkunx-Aspekte als keine Halbsextile im Horoskop zu haben.

Jeder Aspekt steht für bestimmte Talente und Fähigkeiten. Die drei weniger auffälligen Aspekte Sextil, Halbsextil und Quinkunx sowie das Trigon symbolisieren leicht zugängliche, karmisch geerbte Gaben. Bei dem Quinkunx fällt der Ausdruck dieses Talentes schwer, insbesondere in jungen Jahren. Ein Mangel an Quinkunx-Aspekten erlaubt es dann auch dem Menschen, seine natürlichen Talente frei zum Ausdruck zu bringen (vorausgesetzt, es sind nicht zuviele Quadrate und Oppositionen vorhanden). Ein Mangel an Halbsextilen im Horoskop kann – insbesondere in Verbindung mit Spannungsaspekten – Blockaden im persönlichen Ausdruck und wenig Entwicklungsmöglichkeiten anzeigen.

Mangel an Sextilen

Sextile lassen sich in keine Kategorie einordnen, sie haben etwas Einzigartiges. Ihr Orbis liegt mit vier Grad höher als der von Nebenaspekten, ist aber nicht so groß wie der der anderen Hauptaspekte. Der offene, expressive Ausdruck dieses Aspektes unterscheidet sich grundlegend von dem der anderen Planetenverbindungen. Die Energie ist hier von ausstrahlender und vibrierender Art, er unterliegt keinen Blockaden.

Das Sextil ist ein sehr hilfreicher Aspekt, der mehr Beweglichkeit und mehr Ausdrucksmöglichkeiten verleiht als das Trigon mit seiner umfassenden Energie. Menschen mit vielen Sextilen im Horoskop sind für gewöhnlich ausgewogene und lebhafte Persönlichkeiten mit vielen Interessen. Die Tatsache, daß das Sextil in etwa ebenso vielen Fällen wie die anderen Hauptaspekte (ausgenommen die Opposition) im Horoskop fehlt, zeigt, daß sein Einfluß diesen in etwa entspricht. Das Horoskop, dem es an Sextilen mangelt, macht dann auch gewissermaßen einen «verschlossenen» Eindruck (wenngleich das Vorhandensein von vielen Trigonen diesen Effekt abmildern kann). In keinem der Horoskope meiner Sammlung waren keine Sextile und keine Trigone vorhanden – was auch eine Kombination dargestellt hätte, die extrem schwer zu handhaben gewesen wäre.

Sextile (und Trigone) stellen karmische Verdienste des Menschen dar. Wenn im Horoskop kein Sextil vorhanden ist, muß man annehmen, daß der Mensch diesbezüglich in der Vergangenheit seine Talente und Gaben mißbraucht hat. Insofern ist er jetzt gezwungen, härter für den Erfolg zu arbeiten.

Die meisten Menschen haben zumindest ein Sextil im Horoskop. Die Jüngeren unter uns haben das Neptun/Pluto-Sextil, das etwa seit Mitte unseres Jahrhunderts am Himmel stand. Schon dieser Generationsaspekt allein kann mit seinem hintergründigen Einfluß den Eindruck der «Verschlossenheit» des Horoskops ohne andere Sextil-Verbindung abmildern.

Mangel an Konjunktionen

Hierbei handelt es sich um ein eher seltenes astrologisches Phänomen, das nur bei etwa vier Prozent meiner Horoskopsammlung gegeben ist. Dabei spielt eine große Rolle, daß es von Merkur und Venus aus häufig zu Konjunktionen mit der Sonne kommt sowie zwischen Merkur und Venus selbst auch. Außerdem ist der Orbis für die Konjunktion vergleichsweise groß. Konjunktionen sind für gewöhnlich sehr machtvoll, sie können eher problematische oder eher harmonische Auswirkungen haben, in Abhängigkeit von den beteiligten Planeten. Wenn in einem Horoskop drei oder mehr Konjunktionen gegeben sind, ist die Anzahl der Häuser und Zeichen mit Planeten zwangsläufig gering. Daraus resultiert dann eine gewisse Konzentration beziehungsweise Verdichtung der Persönlichkeit. Ohne Konjunktionen wird das Horoskop im allgemeinen offener – die zehn Planeten stehen dann in einem größeren und gleichmäßigeren Abstand zueinander. Es handelt sich in diesem Fall sozusagen um ein Horoskop, in dem die Planeten «versprengt» sind.

Ohne Konjunktion kommt ein Planet für sich allein zur Wirkung – seine Energie ist dann nicht mit der eines anderen Planeten vermischt. Eine Konjunktion von zwei Planeten wie beispielsweise von Saturn und Mars hat eine Energie zur Folge, die von grundsätzlich anderer Art ist als die der Planeten allein. Die Energie, die aus dieser Vereinigung erwächst, kann sehr machtvoll und dabei einzigartig sein; es ist aber durchaus möglich, daß der Mensch große Probleme hat, sie in den Griff zu bekommen. Destruktive Auswirkungen können ohne weiteres eine Folgeerscheinung davon sein. Insbesondere ergibt sich das oft bei Konjunktionen zwischen einem persönlichen und einem äußeren Planeten. Die Konjunktion wirkt sehr machtvoll auf den Planeten, der in einem Spannungsaspekt zu ihr steht – die Herausforderung durch diesen Einzelplaneten hat aber keine Chance gegenüber der kombinierten Energie der beiden Konjunktions-Planeten. Wenn allerdings im Horoskop keine Konjunktion gegeben ist, muß jeder Planet für sich allein in den Kampf ziehen. Die Energie, die daraus erwächst, ist dann einerseits schwächer, andererseits aber von gleichmäßigerer Art.

Menschen, in deren Horoskop keine Konjunktion vorhanden ist, zeichnen sich durch ein komplexes, aber doch ausgewogenes Wesen aus. Es handelt sich hier um flexible Personen, denen es manchmal an Schwung fehlt, die aber häufig spirituelle Interessen haben. Das gilt verstärkt, wenn es noch andere machtvolle Faktoren in Verbindung mit unbesetzten Elementen oder Qualitäten oder unaspektierte Planeten vorhanden sind.

Das Verhältnis von berühmten zu nicht berühmten Persönlichkeiten stimmt bei meiner Untersuchung vollständig mit dem rechnerisch zu erwartenden Ergebnis überein. Daraus kann man ableiten, daß die Konjunktion weder besonders günstig noch besonders ungünstig ist, um berühmt oder berüchtigt zu werden.

Mangel an Oppositionen

Diese sind im Rahmen meiner Untersuchung recht häufig. Oppositions-Aspekte bedeuten oft eine charakterliche Unausgewogenheit, mit dem fortwährenden Versuch des Menschen, einen Zustand des Gleichgewichts zu erreichen. Die geringste Aufwallung (oder Behinderung) der Energie von einem der beteiligten Planeten zerstört das mühevoll erlangte Gleichgewicht wieder, woraufhin eine andere Gewichtung der planetarischen Energien innerhalb des Aspektes die Folge ist. Nach einiger Zeit aber hat der unterlegene Planet dann seinerseits genug Kraft gesammelt, um den Kampf aufs neue aufzunehmen. So kommt es immer wieder zu Veränderungen des Energiemusters. Dieses extreme Auf und Ab ist mit der fundamentalen zyklischen Energie zu vergleichen, die für Stimmungs- und Richtungsänderungen in der menschlichen Psyche verantwortlich ist. Menschen ohne Oppositionen im Horoskop haben im allgemeinen nicht mit einem starken Auf und Ab von Energie zu kämpfen. Allerdings können mit einer herausragenden Stellung der veränderlichen Zeichen (Zwillinge, Jungfrau, Schütze und Fische) vergleichbare Ausdrucksmuster einhergehen.

Das Horoskop, das außerordentlich viele Oppositionen enthält, könnte unter Umständen auf Schizophrenie oder auf eine multiple Persönlichkeit hindeuten. Sind im Gegenteil keine Oppositionen im Geburtsbild gegeben, verfügt der Mensch wahrscheinlich über einen ausgewogenen Selbstausdruck. Eine große Zahl an herausfordernden Quadraten oder Quinkunxen könnte allerdings diese günstigen Auswirkungen wieder zunichte machen.

Es kann bei den verschiedenen Verteilungen der Planeten im Horoskop der Fall gegeben sein, daß keine Oppositionen vorhanden sind. Haben wir es mit einer sehr konzentrierten Häufung der Planeten zu tun, kann es keine Opposition geben (wie auch kein Quinkunx). Auch im «Schüssel»- oder im «Schöpfkellen»-Horoskop sind vielfach keine Oppositionen vorhanden.* Alle drei Horoskop-Arten stehen für einen intensiven, konzentrierten und manchmal auch beschränkten Selbstausdruck. Der Mensch mit vielen Oppositionen im Horoskop ist offen für äußerliche Anreize – manchmal in einem zu großen Maße. Äußerlichem Druck gibt er meist nach. Diese Personen neigen dazu, auf andere zu bauen, und es ist ihnen wichtig, von den Mitmenschen Anerkennung zu erhalten. Allgemein können wir sagen, daß die Opposition ein eher schwacher Aspekt ist. Sie führt nur dann zu ernsthafteren Problemen, wenn der Geborene auf eine sehr negative Art reagiert. Bei der hohen Anzahl von Horoskopen ohne Opposition liegt die Schlußfolgerung nahe, daß die karmische Lektion, die mit diesem Aspekt gelernt werden muß, nicht schwer zu lernen ist. Vielleicht verhält es sich aber auch so, daß sie schnell wieder vergessen wird. Insgesamt stellt der Sachverhalt, daß keine Opposition im Horoskop vorhanden ist, einen günstigen Einfluß dar, welcher Frieden und Ausgewogenheit verleiht.

Mangel an Trigonen

Ein Horoskop ohne Trigone gehört zumeist zu einem Menschen, der mehr Probleme und schwierige Erfahrungen als andere machen muß. Wie bei den anderen Fällen auch ist die vermeintliche

---

* Näheres zur Einteilung von Horoskopen gemäß der Verteilung der Planeten kann man dem Buch von Tracy Marks: *Die Kunst der Horoskop-Synthese. Zentrale Lebensthemen im Geburtshoroskop* entnehmen (Hamburg 1993, Verlag Hier & Jetzt).

Ungerechtigkeit eine Auswirkung von gestörtem Karma. Trigone sind karmische Erbschaften und Gaben, die der Mensch in seinem Leben sorgsam einsetzen muß. Ein Mangel an diesem Aspekt (oder an Sextilen) steht für die Tatsache, daß es während einer früheren Existenz zum Mißbrauch der persönlichen Fähigkeiten gekommen ist. Mißbrauch kann hier die übermäßige Nutzung wie auch die Ignorierung der betreffenden Eigenschaft bedeuten. Das ignorierte Trigon ist die Verschwendung einer besonderen, von Gott verliehenen Gabe, die uns bei unserer spirituellen Weiterentwicklung hatte unterstützen sollen. Wenn wir es unberücksichtigt lassen, wird es einige Leben dauern, bis wir den ursprünglichen karmischen Zustand wieder erreichen. Dabei werden wir uns zwischenzeitlich mit sehr herausfordernden Aspekten auseinandersetzen müssen. Trigone und Sextile sind gewissermaßen eine Anerkennung früherer Leistungen. Wir sollten sie in unserem alltäglichen Leben bewußt und mit Selbstvertrauen und Bescheidenheit zum Einsatz bringen, nicht für aufgeblähte Ego-Zwecke oder für materielle Belange. Auch vor ihrer Mißachtung ist eindringlich zu warnen.

Menschen, die im Horoskop keine Trigone und/oder Sextile haben, könnten den Eindruck erwecken, von harter, unnachgiebiger oder auch depressiver Wesensart zu sein, insbesondere dann, wenn das Horoskop viele Quadrate oder Quinkunx-Aspekte enthält. Gleichzeitig sind sie sehr bestimmt und dabei in der Lage, vielerlei Hindernisse zu überwinden. Es ist dann auch möglich, daß die Anstrengungen, die sie unternehmen, von großen Erfolgen gekrönt sind.

Mangel an Quadraten

Nachdem ich über lange Zeit die Auswirkungen studiert habe, die mit den verschiedenen Aspektarten beziehungsweise deren Nichtvorhandensein verbunden sind, bin ich zu der Schlußfolgerung gekommen, daß die Verbindung von Energien, die im Quadrat zueinander stehen, am schwierigsten zu kontrollieren und einzusetzen ist. Eine Vielzahl von Quadraten im Horoskop bei nur einem oder zwei Trigonen oder Sextilen macht es den letzteren sehr schwer, ihre positive Wirkung zu entfalten. Nur zu schnell ist es dann so, daß die Quadrate alles kontrollieren. Die umgekehrte Situation dagegen – ein oder zwei Quadrate bei einer Vielzahl von Trigonen und Sextilen – repräsentiert dem Anschein nach Ausgewogenheit und Leichtigkeit. In diesem Fall wäre es verhältnismäßig einfach, das beziehungsweise die Quadrate auf harmonische Weise zum Ausdruck zu bringen.

Viele berühmte Persönlichkeiten haben kaum Quadrate in ihrem Horoskop. Kein Quadrat im Horoskop zu haben ist zwar sehr selten, aber durchaus wünschenswert – vorausgesetzt, das Horoskop ist nicht überladen mit den verschiedensten anderen Aspekten. Im allgemeinen aber weist das Horoskop ohne Quadrate auch verhältnismäßig wenig Aspekte auf. Ein exzellentes Beispiel dafür ist Cliff Richard. Ein Mangel an Quadraten ist die höchste karmische Ehre, die uns zuteil werden kann, gefolgt vom Mangel an Konjunktionen. Nur Horoskope von alten und weisen Seelen weisen dieses Merkmal auf. In diesem Fall fehlt die kämpferische, angespannte und machtvolle Energie, wie sie mit dem Quadrat verbunden ist. Personen mit solchen Horoskopen sind dazu imstande, sich entspannt und freudig auf neue Situationen einzulassen. Sie haben für gewöhnlich etwas Angenehmes in ihrem Verhalten und sind beliebt. Wenn das Horoskop sehr viele Trigone oder Sextile enthält, werden sie manchmal als schwache Persönlichkeiten eingestuft. Einige der Personen aus meiner Sammlung, auf die dieses Merkmal zutrifft, sind ungemein beliebt und charmant, dabei aber ohne feste Moralbegriffe. Es kommt in diesem Fall darauf an, ob andere Aspekte die Kontrolle übernehmen, wodurch dann die Trigone und Sextile mißbraucht würden. Ganz allgemein aber kann man sagen, daß mit dem Mangel an Quadraten eine innerliche Stärke sowie die Eigenschaft verbunden ist, verzeihen und mit den verschiedensten Menschen zusammenkommen zu können. Diese Personen haben kaum je mit Gewalt zu tun. Höchstens Mars oder Pluto in einer Opposition könnte den grundsätzlich günstigen Einfluß dieser Konstellation dämpfen.

Kapitel 7

Andere Faktoren

Die theoretische und praktische Arbeit mit unbesetzten Horoskopmerkmalen, unaspektierten Planeten und so weiter kann bis in die entlegensten astrologischen Spezialgebiete fortgesetzt werden. Auf diese Art liefert so gut wie jedes Horoskop aussagekräftige Beispiele – auch ohne die Berücksichtigung von unbesetzten Häusern, wie sie im Geburtsbild eines jeden Menschen gegeben sind.

Auf seine Weise ist jedes Horoskop interessant. Ein ganz besonderes Interesse aber hat der Astrologe für Horoskope, die ihm neues Material liefern oder die mit den alten Erkenntnissen nicht zu interpretieren sind. Insofern stellt auch die Untersuchung von Detailfaktoren, die im Horoskop nicht besetzt sind, ein Studium dar, das nicht weniger lohnend und faszinierend ist als das, welches wir bisher im Rahmen dieses Buches betrieben haben.

Keine Planeten an Eckpunkten des Horoskops

Planeten an den Eckpunkten des Horoskops sind von besonderer Bedeutung. Ob die Entfernung dabei nun sechs, acht oder vielleicht auch zehn Grad sein darf, darüber sind sich die Astrologen nicht einig. Es gilt hier, für sich persönlich Regeln zu formulieren und diese bei der astrologischen Arbeit konsequent zu beachten. Meiner Meinung nach hat ein Planet innerhalb eines Orbis von bis zu acht Grad auf beiden Seiten des betreffenden Eckpunktes eine besondere Wirkung. Wenn man wie ich das Äquale Häusersystem (gleich große Häuser) verwendet, kann sich eine Konjunktion zum MC oder zum IC aus dem 8., dem 9., dem 10. oder dem 11. Haus ergeben. Planeten bei der Stellung im 3., im 6., im 9. oder im 12. Haus sind, von außen betrachtet, nicht so auffällig wie in einem Eckhaus (Haus 1, 4, 7 und 10). Verschiedene Forschungsarbeiten inklusive meiner eigenen aber haben ergeben, daß sie deshalb nicht weniger wirksam sind. Es ist verlockend, auch den Planeten im Eckhaus zehn Grad hinter dem MC noch als zum Eckpunkt zugehörig einzustufen. Auch wenn sich dieser stark im Wesen des Menschen bemerkbar macht, muß doch irgendwo eine Grenze gezogen werden.

Dem Planeten an einem Eckpunkt des Horoskops wird für gewöhnlich bei der Interpretation viel Aufmerksamkeit geschenkt. Von ihm kann auch tatsächlich ein beherrschender Einfluß ausgehen, er kann den Charakter des betreffenden Menschen vollständig dominieren. Mit solchen Planeten sind zumeist besondere Stärken (oder auch Schwächen) angezeigt. Der Mensch mit einem Horoskop ohne Planeten an einem Eckpunkt des Horoskops dagegen könnte einen sehr stillen Eindruck machen oder auch charakterlos wirken. Es gibt hier keine Eigenschaft, an die sofort angeknüpft werden könnte (wenn nicht in einem Zeichen ein Stellium gegeben ist), und keine herrschende planetarische Energie. Solche Horoskope scheinen manchmal weniger interessant zu sein. In Wahrheit aber sind Menschen ohne Planeten an den Horoskop-Ecken häufig ausgewogene Persönlichkeiten, deren Leben nicht vorwiegend von einem oder zwei Planeten dominiert wird (vorausgesetzt, es gibt keinen Planeten, der an einer Vielzahl von problematischen Aspekten beteiligt ist). Derartige Personen können aus vielen Perspektiven auf das Leben reagieren, weil ihr Zugang nicht nur auf einen oder auf zwei Planeten beschränkt ist. Solche Menschen sind häufig von ruhiger, dabei aber komplexer Wesensart mit einer untergründigen inneren Charakterstärke.

Auch ohne Planeten an Eckpunkten des Horoskops kann der Mensch über besondere Talente oder Fähigkeiten verfügen und es zu Ruhm und einer herausragenden Stellung bringen. Es ist dann nur so, daß eher eine Art «Allround-Talent» gegeben ist. Bei 43 der 400 Fälle meiner Horoskopsammlung fehlten Planeten an Eckpunkten. Diese 43 Fälle verteilten sich auf die angeführten Kategorien wie folgt: 11 Fälle bei den berühmten Persönlichkeiten, 32 Fälle bei den nicht berühmten. Das entspricht ziemlich genau der Rate von 25 Prozent von berühmten Persönlichkeiten in meiner Sammlung. Es tauchten hierbei solche Namen auf wie Prinz Charles, Charles Dickens, Paul McCartney, Elizabeth Taylor und der Komponist Tschaikowsky. Ebenfalls anzuführen ist Barbra Streisand (Horoskop S. 180).

Ich habe mich immer gefragt, ob es einen speziellen astrologischen Faktor gibt, der für Berühmtheit spricht – im positiven oder auch im negativen Sinn. Früher war ich der Meinung, daß hier Planeten des 10. Hauses sowie Planeten an den Eckpunkten des Horoskops eine wichtige Rolle spielen würden. Man muß zugestehen, daß sich die eben erwähnten Persönlichkeiten aber nicht auf solche Planeten stützen konnten, um zu Ruhm und Ansehen zu gelangen. Dieses Ergebnis brachte mich dazu, weitere Forschungen zu unternehmen. Ich fragte mich, wie viele berühmte Menschen weder Planeten in Haus 10 noch Planeten in Konjunktion zum MC aus dem 9. oder auch 8. oder 11. Haus heraus hatten. Die Anzahl derartiger Fälle war erstaunlich hoch. Auf 25 Prozent der Fälle traf dieses Kriterium zu. Es fanden sich hierunter Namen wie Prinz Andrew, Prinz Edward, Fred Astaire, Charlie Chaplin, Sigmund Freud, Edward Kennedy, Louis Pasteur, Cliff Richard, Ringo Starr, Shirley Temple und viele andere mehr. Wenn wir auch das 10. Haus und/oder das MC als treibende Kraft für die Karriere auffassen, ist es nicht zwangsläufig erforderlich, daß diese durch Planeten aktiviert werden müssen. Auf lange Sicht kann sich der Mensch ohne Planeten an Eckpunkten des Horoskops oder mit einem unbesetzten 10. Haus als genauso erfolgreich erweisen wie Personen, die ein starkes 10. Haus und/oder viele Planeten am MC besitzen.

Auf der karmischen Ebene hat es den Anschein, daß Planeten an den Eckpunkten des Horoskops Eigenschaften anzeigen, denen der Mensch in seinem aktuellen Leben besondere Aufmerksamkeit widmen muß. Ein Mangel an solchen Planeten bringt zum Ausdruck, daß zwischen den verschiedenen Planeten in karmischer Hinsicht ein Zustand der Ausgewogenheit besteht. Insofern ist es auch gar nicht wünschenswert, daß ein Planet beson-

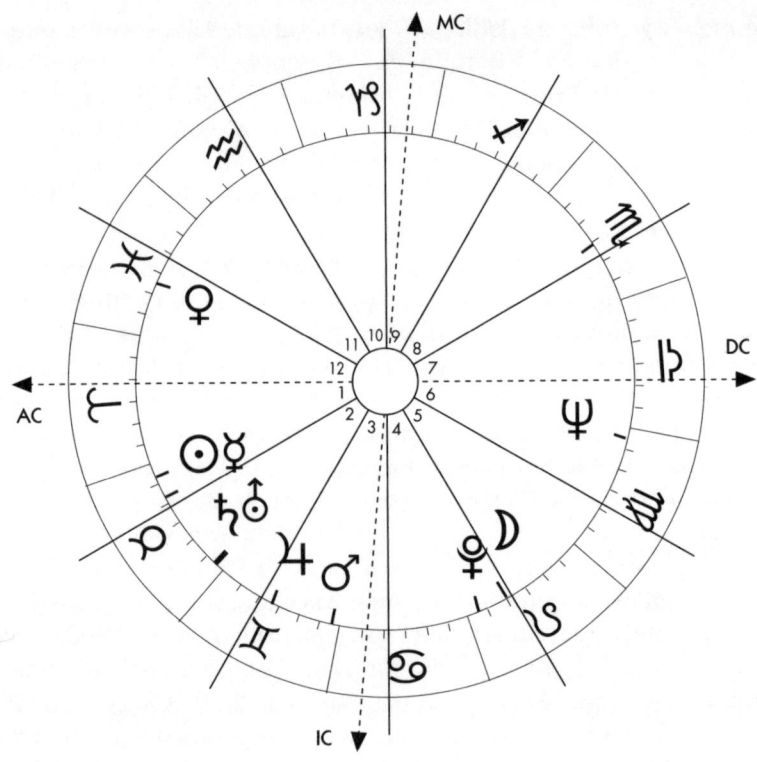

Barbra Streisand, 24. 4. 1942, 4.16 Uhr in New York, USA.

☉ 03° ♉   ☿ 08° ♉   ♂ 28° ♊   ♄ 28° ♉   ♆ 27° ♍
☽ 10° ♌   ♀ 17° ♓   ♃ 19° ♊   ⚷ 28° ♉   ♇ 03° ♌

AC 11° ♈, MC 6° ♑, Äquale (gleich große) Häuser

Aspekte

☉ □ ☽ / ♂ ☿ / □ ♀ • ☽ □ ☿ / ♂ ♀ • ☿ □ ♀ • ♀ □ ♃ • ♂ ⊻ ♄ / ⊻ ⚷ / □ ♆
♃ □ ♆ • ♄ ♂ ⚷ / △ ♆ • ⚷ △ ♆

Unbesetzte Horoskopbereiche, Qualitäten oder Elemente
Anzahl der unbesetzten Häuser: 5
Keine Planeten in kardinaler Qualität
Anzahl der Aspekte: 14
Keine Quinkunx-Aspekte, keine Oppositionen, Venus nur im Quadrat zu Jupiter
Keine Planeten an den Eckpunkten des Horoskops

ders machtvoll in Erscheinung tritt, weil dies eine Beeinträchtigung der anderen zur Folge hätte.

Unbesetzte Dekanate

Dem Studium der Dekanate ist von Astrologen nicht besonders viel Aufmerksamkeit gewidmet worden. Dabei kann die Unterteilung der Zeichen gemäß der drei Dekanate bei der Interpretation viele zusätzliche Informationen liefern. Karmisch gesehen gliedern sich die Dekanate wie folgt:

1. Dekanat	*2. Dekanat*	*3. Dekanat*
0° – 9°59'	*10° – 19°59'*	*20 – 29°59'*
Körper	Verstand	Geist
(physisch)	(psychisch)	(spirituell)

Die meisten Menschen haben zumindest einen Planeten in jedem Dekanat. Für gewöhnlich steht aber ein Dekanat hinsichtlich der Planeten-Besetzung im Vordergrund. Menschen, bei denen hauptsächlich das Körper-Dekanat besetzt ist, sind in den meisten Fällen mehr auf das Physische und das Materielle und auf ihre Sinne ausgerichtet. Es herrscht hier eine erdverbundene Ausrichtung und häufig ein Mangel an spiritueller Einsicht. Wenn das Verstandes-Dekanat betont ist, sehen wir einen Menschen mit großer Intelligenz vor uns, mit entwickeltem Intellekt und einem logischen und kommunikativen Wesen. In diesem Fall kann es aber bei der praktischen Umsetzung Probleme geben (besonders dann, wenn das 1. Dekanat sehr schwach besetzt ist). Das Geist-Dekanat wirkt sich insbesondere auf der höheren Ebene der Intuition und Spiritualität aus. Eine Vorherrschaft von Planeten in diesen Graden bewirkt eine Offenheit für die höheren Bereiche des Daseins. Stehen zuwenig Planeten im 1. oder im 2. Dekanat, sind auch hier Probleme bei der Umsetzung von Erkenntnissen und/oder eine Überempfindlichkeit zu erwarten. Im Idealfall sind die drei Dekanate mehr oder weniger gleichmäßig besetzt.

Es kommt nur selten vor, daß ein Dekanat überhaupt nicht besetzt ist. Nur bei 23 Fällen meiner Horoskopsammlung war das der Fall (elfmal war das Körper-Dekanat unbesetzt, sechsmal das Verstandes-Dekanat und sechsmal das Geistes-Dekanat). Nur vier der berühmten Persönlichkeiten wiesen dieses Horoskopmerkmal auf (jeweils im Körper-Dekanat).

Auf der karmischen Ebene könnte das unbesetzte Körper-Dekanat anzeigen, daß hinsichtlich der körperlichen Belange keine Schwächen, sondern im Gegenteil Zähigkeit und Stärke vorhanden sind. Chris Evert-Lloyd, die berühmte ehemalige Tennisspielerin, ist ein gutes Beispiel für herausragende Willenskraft und Ausdauer – wie Sir Laurence Oliver und die ebenfalls schon erwähnte Pionierin der Geburtenkontrolle Marie Stopes auch. Wenn das 1. Dekanat nicht besetzt ist, scheinen wir es mit der höchstmöglichen karmischen Entwicklungsstufe zu tun zu haben, welcher die Fähigkeit innewohnt, im Bedarfsfall physische und praktische Qualitäten unter Beweis zu stellen. Bei den sieben Fällen von nicht berühmten Persönlichkeiten zeigt dieses Horoskopmerkmal allerdings wohl eine gewisse Instabilität des Charakters oder ein angespanntes Temperament an. Es gibt hier ein Mädchen, das unter schweren epileptischen Anfällen zu leiden hat. Mit ihrem reich besetzten Verstandes-Dekanat bemüht sie sich, einen Ausgleich zu dem Mangel an Planeten im 1. Dekanat herzustellen.

Anders als beim Körper-Dekanat steht ein Mangel an Planeten im Verstandes- oder im Geistes-Dekanat nicht für eine hohe karmische Entwicklungsstufe. Hat der Mensch hier keine Planeten, kann das eine Überbetonung des Praktischen im Leben zur Folge haben. Ein Mangel an Planeten im Verstandes-Dekanat könnte in Verbindung damit stehen, daß das 1. und das 3. Dekanat gleichmäßig besetzt sind. Unter Umständen könnte daraus eine gespaltene Persönlichkeit resultieren. Ein solcher Mensch würde sich zwischen materiellen und esoterischen Werten hin- und hergerissen fühlen.

Ausgehend von meiner Horoskopsammlung scheint es mir, daß ein Mangel an Planeten im Verstandes-Dekanat keine unterdurchschnittliche Intelligenz bedeuten muß. Möglicherweise erweckt diese Person aber vielleicht den Eindruck, weniger intelligent oder kommunikativ zu sein, als sie tatsächlich ist.

Ein Mangel an Planeten im Geistes-Dekanat steht meistens für eine nicht sehr hoch entwickelte Persönlichkeit (wenn es nicht noch andere Faktoren gibt, die hier zu berücksichtigen sind).

Diese Menschen können sehr intelligent und dabei von praktischem Wesen sein, ohne daß es dadurch aber zur Bereicherung des Lebens durch das spirituelle Element kommt – was ihr Dasein womöglich farblos oder leer sein läßt. Bei berühmten Persönlichkeiten ist es nur sehr selten der Fall, daß sich keine Planeten im Geistes-Dekanat finden. Auf der anderen Seite zeichnet sich die Person mit vielen Planeten in diesem Bereich durch eine magnetische und anziehende Aura aus. Ich möchte in diesem Zusammenhang darauf hinweisen, daß auch der britische Politiker John Major dieses Horoskopmerkmal aufweist.

Der letzte Grad in jedem Dekanat ist der bedeutungsvollste – ob nun zum Guten oder zum Schlechten. Jeder Mensch, der mehr als einen Planeten auf dem letzten Grad des Dekanats im Horoskop stehen hat, bringt die Qualitäten dieses Bereiches deutlich zum Ausdruck. Der 9. Grad ist der intensivste, was das Physische betrifft: er steht für außerordentlich viel Energie, Vitalität und Stärke, daneben aber auch für die übermäßige Ausrichtung auf Besitz und für Eitelkeit. Der 19. Grad ist der wichtigste im Verstandes-Dekanat – er steht allgemein für einen scharfen, analytischen Intellekt und ein gutes Gedächtnis. Diese Menschen sind große – manchmal auch geniale – Denker. Sie müssen sich aber davor hüten, die Grenze zwischen Genie und Wahnsinn aus dem Auge zu verlieren. Der 29. Grad bedeutet die höchste spirituelle Ebene. Viele Astrologen, Heiler, mediale oder spirituell veranlagte Menschen weisen eine Betonung dieses Grades auf. Bei einem derart starken Grad fällt es allerdings manchmal schwer, die betreffende Energie unter Kontrolle zu bekommen. Es ist leider so, daß auch viele der Personen, die traumatische Erfahrungen machen mußten oder in Verbindung mit Sucht, Verbrechen, Gewalt oder Selbstmord auf Abwege geraten sind, zumindest einen Planeten, den Aszendenten oder das MC auf diesem Grad haben.

Der «Void-of-Course»-Mond

Hierbei haben wir es mit einem Horoskopmerkmal zu tun, das zwar von den meisten Astrologen anerkannt wird, das aber nur selten bei der Interpretation des Geburtshoroskops Anwendung findet. Hin und wieder (nicht in regelmäßigen Abständen) haben wir es im Horoskop mit dem Sachverhalt zu tun, daß vom Mond aus beim weiteren Lauf durch das jeweilige Mondzeichen kein anderer Planet mehr aspektiert würde (es gelten hier nur die Hauptaspekte). Wenn der Mond in ein Zeichen hineinläuft und auf 0 Grad steht, kann es keine Void-of-Course-Stellung geben.

Um herauszufinden, ob dieses Horoskopmerkmal zutrifft, liest man ab, auf welchem Grad im Horoskop sich der Mond befindet. Bei einer Plazierung in der ersten Hälfte eines Zeichen ist eine Void-of-Course-Stellung äußerst selten. Manchmal ergibt sich eine solche Stellung schon im Bereich von 16 bis 19 Grad – bei meinem ältesten Sohn zum Beispiel auf 19 Grad im Zeichen Waage. Aber auch das ist recht ungewöhnlich. In den meisten Fällen geht es hier um die Horoskopbereiche des 3. Dekanats der Zeichen (20 bis 29 Grad). Je dichter der Mond am Ende des Zeichens steht, desto größer die Wahrscheinlichkeit, daß eine Void-of-Course-Stellung gegeben ist. Das Quinkunx, das Halbsextil sowie alle andere Nebenaspekte sind nicht stark genug, um die Mond-Energie zu binden. So sprechen wir auch dann von der Void-of-Course-Stellung, wenn ein Planet auf 28 Grad im Skorpion im Quinkunx-Aspekt zum Mond auf 27 Grad im Widder steht.

Gibt es keine Aspekte zum Mond, heißt das nicht, daß die Void-of-Course-Stellung gegeben ist. Ein Beispiel: Der Mond auf 7 Grad im Wassermann kann, für sich allein betrachtet, ohne jeden Aspekt sein; wenn ein anderer Planet auf 21 Grad im Stier steht, würde es von diesem Punkt aus zum Quadrat kommen, wenn der Mond nach der Geburt in seinem Zeichen weiterläuft. Dann wäre also keine Void-of-Course-Stellung gegeben. Es kommt hier darauf an, die Mondstellung genau zu untersuchen und festzustellen, ob es bei seinem weiteren Lauf durch sein Zeichen zu einem der fünf Hauptaspekte zu einem anderen Planeten kommt oder nicht.

Wenn der Mond in die Void-of-Course-Stellung hineinläuft – deren Dauer sich von einigen Minuten bis hin zu etwa 28 Stunden erstrecken kann –, hat es oft den Anschein, daß die Zeit stillsteht. Es sollten zu diesen Zeiten keine neuen Projekte eingeleitet und nichts unternommen werden, was viel Aktivität erfordert. Auch von der Unterzeichnung von Verträgen und dem Erwerb von Besitztümern ist zu solchen Zeiten abzuraten. Ansonsten könnte es dazu kommen, daß Verträge annulliert werden, oder es erweist sich auf andere Weise, daß die aufgewendete Energie verschwendet ist. Zumindest sagen das die (wenigen) Astrologen, die sich mit dieser Materie befaßt haben. Ihrer Meinung nach ist dies eine Zeit zum Nachdenken, zum Kräfteschöpfen und dazu, im Inneren Frieden mit sich zu schließen. Jetzt sollten die Batterien aufgeladen werden, damit dann, wenn der Mond in ein neues Zeichen läuft, der Mensch mit neuem Schwung aktiv wird. Vor einigen Jahren habe ich diese Theorie für mich persönlich überprüft, bin aber nicht zu einem abschließenden Urteil gelangt. Manchmal scheint sie zuzutreffen, andere Male wiederum nicht.

Die Void-of-Course-Stellung im Horoskop ist nicht selten, etwa jeder zwölfte Mensch hat sie in seinem Geburtsbild (gemäß einer Untersuchung, die ich Anfang der 80er Jahre an 250 Horoskopen durchführte). Als ich später dann die 400 Horoskope meiner Sammlung näher anschaute, kam ich auf einen geringfügig höheren Anteil. Was die berühmten Persönlichkeiten anging, war der Anteil deutlich höher: Er betrug hier eins zu acht. Insbesondere in der Königlichen Familie ist dieses Horoskopmerkmal verbreitet: Prinzessin Margaret, Prinzessin Diana, Prinz Henry und Prinzessin Eugenie sind hier anzuführen. Weitere bekannte Personen sind Elizabeth Taylor, Judy Garland (Horoskop S. 186), Margret Thatcher und König Edward VII.

Wie beim Mangel an Planeten an Eckpunkten des Horoskops auch ist beim Void-of-Course-Mond durchaus denkbar, daß der Mensch berühmt (oder berüchtigt) wird. In den meisten Fällen aber scheinen sich mit dieser Stellung gewisse emotionale Turbulenzen im menschlichen Charakter abzuspielen. Es wird gesagt, daß die Person mit einem Void-of-Course-Mond emotional nicht normal reagiert – daß sie entweder ihre Gefühle verdrängt oder daß sie in einer Flut von Emotionen unterzugehen droht. Viele dieser Menschen sind von klein auf dazu gebracht worden, ihre Gefühle vor anderen zu verbergen. Daraus resultierte dann, daß sie sich nicht an das Leben in ihrer Familie anpassen konnten – immer hatten sie das Gefühl, anders zu sein und nicht verstanden zu werden. Diese Personen neigen dazu, im Stillen zu leiden, ohne sich etwas anmerken zu lassen. Das ist so, weil sie nicht gelernt haben, mit ihren Emotionen umzugehen.

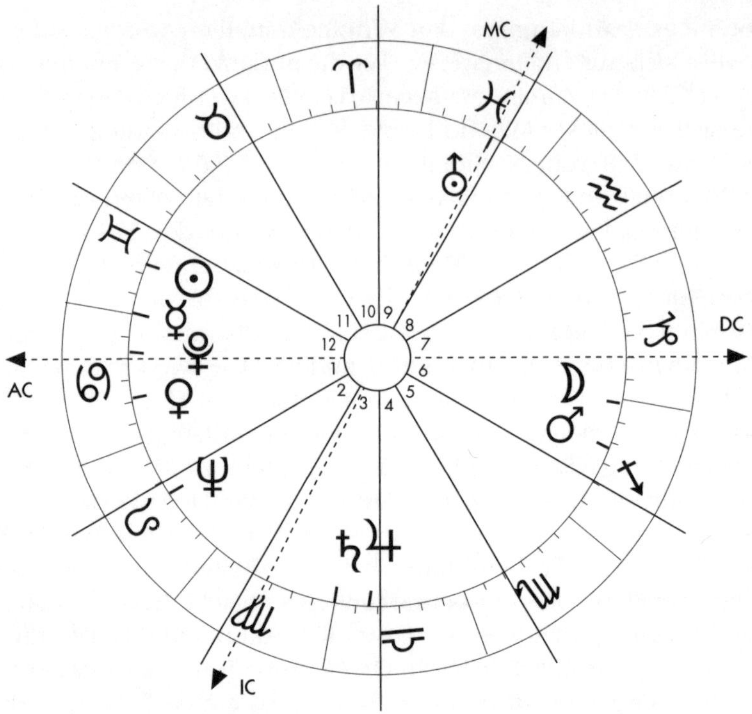

Judy Garland, 10. 6. 1922, 6.00 Uhr in Minnesota, USA.

☉ 18° ♊	☿ 0° ♋	♂ 18° ♐	♄ 0° ♎	♆ 13° ♌
☽ 29° ♐	♀ 19° ♋	♃ 08° ♎	♅ 13° ♓	♇ 09° ♋

AC 10° ♋, MC 13° ♓, Äquale (gleich große) Häuser

Aspekte

☉ ⚺ ♀ / ☍ ♂ / □ ♅ • ☽ ☍ ☿ / □ ♄ • ☿ □ ♃ / □ ♄ • ♀ ⚻ ♂ / △ ♅
♂ □ ♅ / △ ♆ • ♃ ☌ ♄ / □ ♇ • ♅ ⚻ ♆ / △ ♇

Unbesetzte Horoskopbereiche, Qualitäten oder Elemente
Anzahl der unbesetzten Häuser: 6
Keine Planeten im Element Erde
Anzahl der Aspekte: 15
Keine Sextile
Mond «Void of Course»: Vom Mond aus kam es vor dem Zeichenwechsel (Mond in den Steinbock) zu keinem Hauptaspekt mehr zu einem anderen Planeten

In Horoskopen mit einer Void-of-Course-Stellung hat der Mond in den meisten Fällen vor dem Geburtszeitpunkt im Aspekt zu anderen Planeten gestanden. Der Mond befindet sich also zu diesen in der separativen Phase. Dies unterstreicht, daß die Gefühle sich hier im Sog auf einen leeren Raum hin befinden. Viele dieser Personen fühlen im Inneren eine Leere sowie eine große Isoliertheit. Es gibt aber für alles, was uns im Leben zustößt, einen Grund. In diesem Fall liegt die Schlußfolgerung nahe, daß in der Vergangenheit die Gaben und Talente, welche mit den Emotionen zusammenhängen, mißbraucht worden sind. Daraus resultiert dann wiederum, daß nun viele Lektionen in Verbindung mit den emotionalen Reaktionen der Zukunft zu absolvieren sind. Was die gegenwärtige Situation betrifft, scheint ein Zustand der Stagnation beziehungsweise des Abwartens vorgezeichnet. Es fällt diesen Menschen dann auch tatsächlich schwer, hier Fortschritte zu erzielen. Vielleicht handelt es sich hier aber auch grundsätzlich um die Lektion, über den eigenen Schatten springen zu lernen.

Der Mond in der Void-of-Course-Stellung bedeutet im Gegensatz zu den anderen in diesem Buch aufgeführten Horoskopmerkmalen keinen günstigen Einfluß. Er zeigt an, daß der Mensch sich der großen Herausforderung gegenübersieht, eine schwierige karmische Lektion zu lernen.

Keine markanten Aspektkonfigurationen

Alle Aspektkonfigurationen bestehen aus einzelnen Aspekten. Je mehr Aspekte im Horoskop vorhanden sind, desto verzweigter, unstrukturierter und widersprüchlicher ist die persönliche Wesensart. Nur das Große Trigon wird als hilfreiche Aspektkonfiguration gesehen, T-Quadrat, Großes Kreuz und in geringerem Maße auch das Yod dagegen gelten als problematisch. Die betreffenden Konstellationen können grundsätzlich natürlich auch auf positive Weise zum Ausdruck gebracht werden – häufig aber ist es so, daß die mit dem karmischen Lernprozeß verbundenen schweren und traumatischen Erfahrungen den Menschen geradezu überwältigen. Dies würde dann dazu führen, daß er den einfacheren und dabei negativen Weg geht.

Es bedeutet keinen Vorteil, ein T-Quadrat oder ein Großes Kreuz im Horoskop zu haben – welche beide auf zwei schwierigen Aspekten beruhen. Die meisten Menschen kommen mit den Problemen des Lebens besser zurecht, wenn sie sich nicht mit derartigen Konstellationen auseinandersetzen müssen. Auch das Yod ist keine einfache Aspektkonfiguration – seine Energie und die mit ihm verbundenen Qualitäten gehen oft (unbewußt) mit einer nervösen Spannung einher, die der Mensch überwinden muß, um die Kombination positiv zu nutzen. Selbst das günstige Große Trigon kann zu Trägheit führen und zur beiläufigen Akzeptanz der innerlichen Fähigkeiten und Talente, die mit ihm in Verbindung stehen.

Aspekte übertragen Botschaften, die für gewisse karmische Erfahrungen stehen. Die großen Aspektkonfigurationen sind ebenfalls das Resultat von diesen oft schicksalshaften Erlebnissen und Geschehnissen. Auch das Große Trigon trägt eine Botschaft in sich. Sie heißt: »Es ist dir ein großes Talent gegeben. Sei dir dessen bewußt und nutze es!«

Viele Menschen besitzen Horoskope, in denen keine dieser Aspektkonfiguration enthalten sind. Im Hinblick auf Großes Kreuz, T-Quadrat und Yod ist das eher ein Segen denn ein Mangel. Wie dem auch sein mag – wenn der Mensch hart zu arbeiten gewillt ist und in seinem jetzigen Leben viele lehrreiche Erfahrungen macht, könnte er in seinem nächsten Dasein vielleicht mit einem Großen Trigon im Horoskop belohnt werden.

* * * * * * *

Der Verlag **Hier & Jetzt** beschäftigt sich ausschließlich mit «der Königin der esoterischen Wissenschaften» – der Astrologie.

Unser Interesse gilt den Autorinnen und Autoren, die den psychologischen Ansatz in der Astrologie abrunden beziehungsweise über ihn hinausgehen und auch spirituelle Elemente mit in ihre Arbeit einbeziehen. Dazu gehören:

Stephen Arroyo, Tracy Marks, Karen M. Hamaker-Zondag, Donna Cunningham, Babs Kirby & Janey Stubbs, Doris Hebel, Dane Rudhyar, José Luis de Pablos, Alexander Ruperti, Alan Leo, Wulfing von Rohr, Isabel M. Hickey, Errol Weiner, Steven Forrest.

Unsere Bücher gibt es in jeder Buchhandlung – oder direkt beim Verlag.

Fordern Sie unseren ausführlichen Gesamtprospekt an.

Buchhandlung Hier & Jetzt, Erzbergerstr. 10, 22765 Hamburg

HOROSKOP~

Astro＊Intelligence Horoskopanalysen sind nach unseren Erfahrungen die besten. Darum bieten wir ausschließlich diese Auswertungen an.

Bestellungen adressieren Sie bitte an:
Buchhandlung Hier & Jetzt, Erzbergerstr. 10, 22765 Hamburg, Tel 040/395784, Fax 040/3900733

Bitte nicht vergessen:
Geburtsdaten. (Name, Ort, Zeit, Geschlecht).

Psychologische Horoskopanalyse

Preise:
Analyse ohne Zeichnung DM 79,-
Analyse mit Zeichnung   DM 91,-

In der **psychologischen Horoskopanalyse** *geht es um folgende Themen in Ihrem Geburtshoroskop:*
Ihr psychologischer Grundtyp • Haupt- und Schattenfiguren in Ihrer Psyche. • Das psychologische Klima in Ihrer Kindheit und Familie. • Ihr Weg zu Integration und Zweierbeziehung.

Jahresthemen

Preise:
Ohne Zeichnung   *DM 67,-*
Mit Zeichnung   *DM 79,-*

Die **Jahresthemen** *machen deutlich, welche Ihrer Themen im Laufe eines Jahres aktuell werden.*
Sie können die Jahresthemen ab jedem Monatsersten für zwölf Monate bestellen. Diese Auswertung beruht auf den Transiten der laufenden Planeten.

Beziehungshoroskop

Preise:
Ohne Zeichnung   *DM 84,-*
Mit Zeichnungsset (Radix
und Composit)   *DM 99,-*

Das **Beziehungshoroskop** *ist die Analyse einer Liebesbeziehung. Es werden erläutert:*
Was Sie mit Ihrem Partner zusammenführt. • Wie sich die Beziehung auf beide Partner auswirkt. • Welche Persönlichkeitsaspekte aktiviert werden.

Kinderhoroskop

Preise:
Ohne Zeichnung   *DM 79,-*
Mit Zeichnung   *DM 91,-*

Im **Kinderhoroskop** lassen sich bestimmte Neigungen und Talente feststellen, unter anderem: Hauptaspekte der Persönlichkeit. • Emotionale Bedürfnisse. • Beziehung zu den Eltern. • Perspektiven der Entwicklung.

⇨ **Achtung!** *Je Auftrag rechnen Sie bitte 5,- DM Versandpauschale hinzu. Wir liefern nur gegen Vorauskasse! Schicken oder faxen Sie uns Ihren von der Bank abgestempelten Einzahlungsbeleg oder legen Sie Ihrer Bestellung einfach einen Scheck bei.*

Bankverbindung: Hier & Jetzt GmbH: HASPA, Konto 1042-214 195, BLZ 200 505 50.

HOROSKOP~

SERVICE

Wir fertigen für Sie astrologische Berechnungen und Zeichnungen. In excellenter, differenzierter, 5-farbiger Ausführung. Auf weißem Papier im Format DIN A4.

Geburtshoroskop *(einschl. Chiron)*
farbige Zeichnung und farbiges Aspektarium.

Solar *(Jahreshoroskop)*
Genaue Wiederkehr der Sonne zur Geburtsposition.

Lunar *(Monatshoroskop)*
Genaue Wiederkehr des Mondes zur Geburtsposition.

Transite *(ein Jahr; mit Jupiter, Saturn, Uranus, Neptun, Pluto)*. Viele Informationen, z.B. Eintritt der Transit-Planeten in Radix-Häuser, Rückläufigkeit usw.

Partnerschaftshoroskop *(Vergleich zweier Horoskope)*
<u>Direkter Partnervergleich:</u> Zwei Horoskope werden «übereinandergelegt» (farbige Zeichnung).
<u>Composit:</u> Aus zwei Horoskopen wird ein Halbsummenhoroskop errechnet (farbige Zeichnung).

Sekundärprogressionen *(jeder Tag nach der Geburt entspricht einem Lebensjahr)*
Progressionen im inneren Kreis, Geburtshoroskop im äußeren Kreis (farbige Zeichnung).

Sollten wir von Ihnen keine Anweisung bezüglich eines Häusersystems erhalten, berechnen wir die »Koch-Häuser« (GOH-Häusersystem) und *gleichzeitig* das Placidus-Häusersystem. Jedes andere Häusersystem (Campanus, gleiche Häuser etc.) ist möglich. Bei fehlenden Zusatzangaben bezüglich Monat oder Jahr gehen wir immer vom laufenden Monat und Jahr aus.

Je Horoskop oder Transit-Jahr stellen wir Ihnen DM 15,-- in Rechnung. Für Partnerschafts- und Progressionshoroskope berechnen wir je DM 20,--. Versandpauschale 5,-- DM.

Folgende Angaben benötigen wir von Ihnen:

1. <u>Ihre Adresse</u>, **2.** <u>Genaue Geburtszeit</u>, **3.** <u>Geburtsort und -land</u> (bei kleineren Ortschaften nächstgrößere Stadt); und **4.** <u>Zusatzangaben.</u> Bei Solaren: welches Kalenderjahr; hauptsächlicher Aufenthaltsort; <u>bei Lunaren:</u> welcher Monat; hauptsächlicher Aufenthaltsort; <u>bei Transiten:</u> das gewünschte Jahr; <u>bei Progressionen:</u> für welches Jahr, wenn *nicht* ab aktuellem Datum. **5.** welches Häusersystem wenn *nicht* »Koch«. **6.** Lieferung erfolgt nur bei <u>Vorauszahlung</u> der Rechnungssumme <u>zuzüglich 5,-- DM</u> Versandpauschale je Auftrag per V-Scheck oder Überweisung an die Buchhandlung:
Hier & Jetzt GmbH: Hamburger Sparkasse, Konto 1042-214 195, BLZ 200 505 50.

Bestellungen adressieren Sie bitte an:
Hier & Jetzt, Erzbergerstr. 10, 22765 Hamburg, Tel 040/395784, Fax 040/3900733
Bitte Scheck oder Einzahlungsbeleg der Vorauszahlung nicht vergessen!